現代イランの社会と政治

つながる人びとと国家の挑戦

山岸智子 編著
吉村慎太郎
松永泰行
鈴木優子
細谷幸子
黒田 卓

明石書店

はじめに

イランは動き続けている。その様子はもがき続け、あがき続けているように見えることもあれば、意表をつくパフォーマンスで世界の耳目を驚かそうとするお茶目な姿に見えることもある。

日本とイランの外交関係は、第二次大戦以降ずっと友好的であり、イランが豊富に埋蔵する化石燃料は日本のエネルギー供給に不可欠の役割を果たしてきた。また、古代ペルシアにまでさかのぼることのできる絢爛たる文化は、一七か所のユネスコ世界遺産が指定されていることからも、その魅力が推しはかられるだろう。しかしながら、日本でイランに対する興味関心は決して高くなく、日本人が親しみを感じる国にもあがらない。むしろイランといえば「危ないイスラムの国」と漠然と思われているのではないだろうか。だがイランの実際を知る者にとって、イランは悪の帝国でもなければ、戦慄すべきテロリストの巣窟でもない。その政策に批判すべきところは少なくないが、八千万人ほどの国民が、笑ったり悩んだりしながら「普通の生活」を送っている中堅の一国家である。

イランが親しみを持たれにくい、わかりにくいと思われている理由として、イランについてはレッテル貼りに終始する情報しか提供されない、そしてその政治体制が複雑すぎる、という二つの要因が考えられる。

一九七八年にパフラヴィー王政が革命によって覆され、「イスラーム共和政」という耳慣れない体制ができたことに対して、革命から四〇年近くなろうとしているのになお、欧米ではある種の拒否感や訝しさをもって「なぜ、イスラーム？」との疑問が表明され続けている。「キリスト教民主党」があるように「イスラーム共和党」があってもおかしくない、という受けとめ方にはなかなかされないようである。そして、大使館占拠事件をきっかけにアメリカと国交断絶をしてからは、イランはその勢力伸長に対しては警戒すべきだとするネガティブなコンテクストで語られ続けてきた。イランがメディアで取り沙汰される際によく使われる「シーア派」「核問題」は、そうしたネガティブなコンテクストを前提とした問題設定であることが多く、イランはメディアに登場する時点で親近感を抱くことのできない他者とされ、「ありえない」ことをする、との印象が強調されてきたのだ。

他方、イランの政治制度にはわかりにくいところが多いのも事実である。まず「イスラーム法学者の統治」というイラン・イスラーム共和国の根幹を成すイデオロギーからして、シーア派イスラーム法学の展開について一通りの知識がないと理解しづらい。さらに困ったことに、大統領選挙、議会選挙などといった国民が参加する民主的な共和政のシステムと、イスラーム法学の最高レベルの学識を持つとされる最高指導者（ペルシア語では単にラフバル／指導者とよばれる）を権威として頂くシステムが複雑に組み合わさっており、公益判別評議会だの監督者評議会だのという最高指導者との関わりでメンバーが決まる機関が大きな影響力を持っている。兵役に就いた兵士からなる国軍は、内閣を構成する国防大臣の下に編制され、いわゆるシビリアンコントロールが可能なシステムとなっているが、それとは別に、最高指導者の下に志願兵からなる革命防衛隊や民兵（バスィージ）がいる。また、一般の警察とは別に、風紀・服装などを取り締まる秩序維持軍（ニールーイェ・エンテザーミー）もいる。一般的な法の支配と、イスラーム法の支配の二重構造に、人的な政治力もからむので、きわめて複雑な様相を呈することになるのである。

イランの女性は、公的な場では髪を覆い皮膚や体の線を露出しない服装を強制されており、男性側による一方的な離婚や複婚が場合によっては認められること、遺産相続が男子の半分であること、などから抑圧されているとの印象が強い。しかしテヘランの街角に立てば、女性ドライバーが男性の別のドライバーに対して大きな声で「なにグズグズしてるの！」と文句をつけている姿も珍しくはなく、さまざまなオフィスではテキパキと働く女性の方が信頼されていることも多い。さらに女性が四年制大学に進学する率は日本よりも高く、投票権を行使し、大統領にも立候補している（未だ女性が最終的な大統領候補者リストに残ったことはないのだが）。

国政選挙における立候補者は監督者評議会によって資格審査されることになっており、その選別の基準は未公開である。大統領選挙や議会選挙のプロセスにおいて透明性に問題があるといえるだろう。が、イランでは国民の選挙によって政権が交代する。これは中東・北アフリカ諸国では珍しいことで、イラン政治に民主的な一面があることは無視されてはならない。

イスラームの諸基準に準拠するとの縛りがさまざまな局面でイラン国民を不自由にしてはいるものの、イラン人たちはさまざまな境界線をものともせずに、社会的に、文化的に、政治的にポジティブに動き、その活動領域を確実に広げている。本書はそのダイナミズムを捉えようという意図で企画されたものである。

二〇〇九年に行われた第一〇期大統領選挙は、テレビ討論やブログで立候補者が主張を繰り広げ、その選挙キャンペーンは過熱気味であった。それだけに、アフマディーネジャード候補の勝利の報に接した人々の間で、投票用紙が隠されたり別の場所に運ばれたりしたとの説がすばやく広まり、開票に不正があったと強く印象付けられた。そこで「私の票はどこ？」という大きな声が沸き起こり、デモが繰り返されるなかで、その抗議行動はイラン政府に対する広範な社会運動へと展開した。抗議行動の参加者たちが、選挙で負けたとされる大統領候補のキャンペーンカラーの緑の装身具や服を身に着けたり、公的な場所に掲げたりしたことから、その運動は「緑の運動」とよばれた。イランの官憲は、国内のみならず外国の新聞や放送局による抗議行動の報道を差し止め、暴力装置でもって抗議行動を鎮圧し、運動は一年余を経て下火になった。しかし「緑の運動」は、一時は一九七八〜七九年の革命を思い起こさせる勢いを持っていたのである。

二〇一一年にいわゆる「アラブの春」でアラブ諸国の政権が次々と国民の抗議行動によって倒れて行った過程では、インターネットを駆使する若者たちの顕著な活動、年齢層も社会階層も縦断した大きなうねりを作り出したこと、笑いや諧謔に満ちた大衆文化的側面などが指摘されているが、これはイランの「緑の運動」と共通する特徴でもある。イランの「緑の運動」を「アラブの春」に先駆けた運動と位置づけて研究する必要性が痛感され、「イラン人によるネットワーク型社会運動の系譜と、その政治化に際しての諸問題の検討」というテーマで日本学術振興会に科学研究費補助金を申請した。幸いにイラン研究を一〇年、二〇年としてきた優れた研究者をプロジェクトの研究分担者・研究協力者・連携研究者に迎えることができ、補助金の交付も決定した。そして二〇一二年度から四年間、ガージャール朝後半期から現代に到るまでのイラン人による社会運動をさまざまな角度から見直す研究を進めてきた。本書はその研究成果の一部を示すものである。

近代的国民国家を前提とする「イラン人」意識が見られるようになったのは、一九世紀、イランではガージャール朝支配の時代であった。その意識は、タバコ・ボイコット運動（一八九一年）、立憲革命をへて立憲君主制のパフラヴィー朝を成立させ（一九二五年）、石油国有化運動（一九五一年）では大国からの干渉を逃れられなかったが、一九七九年には革命を成功させて「東西不偏」のイラン・イスラーム共和国を樹立し、九年間に及ぶイラン・イラク戦争を戦いぬき、戦後復興を果たしながら現在に到っている。こうしたイランの近現代を歴史的に叙述した書物はすでに複数刊行されているが、イラン近現代の社会＝政治運動が狭義の国境を越えた人々のネットワークに依拠し、イラン内外の力関係を反映して展開してきたことに十分な考察がされてきたとは言い難い。新しく立ち上げた研究プロジェクトでは、複数の方法論・ディシプリンを組み合わせた複数の地域研究者による共同研究とすることで、現代イランの社会と政治をダイナミックに捉えることを試みた。

プロジェクトの研究期間に、研究の立ち上げ時点では予想できなかった大きな出来事が二つあった。その一つは、イランの隣国イラクにいわゆる「ダーイシュ／イスラーム国」が拠点を築いて国境線を越えるカリフ国の成立を宣言したこと、そしてもう一つは二〇一三年の大統領選挙において中道派ロウハーニーが勝利したことである。アメリカとヨーロッパの主要国家は、「イスラーム国」の封じ込めが急務であるとの認識を得て、イランに対してはこれまでの「封じ込め」策よりも、「イスラーム国」に対する包囲網に加える方が適切であると考える状況が生じたのである。折しも、対米強硬姿勢を露わにしていたアフマディーネジャードが退任し、新たに大統領に就いたロウハーニーは、経済制裁解除に向けて核開発をめぐる主要六カ国との交渉に臨むことを選挙公約として掲げており、核開発協議に加わってきたザリーフを外相に据えた。イランの内外で、欧米メディアにおけるこれまでの「悪役」を返上するための条件が整ったのである。

こうしたイラン史におけるターニングポイントとでもいう時期に、イラン研究者で共同研究をできたことは僥倖であったし、国際的な学会でも評価の高い日本のイラン研究の水準を世に示す絶好の機会でもあると思う。

本書は、まず一国の範囲を超えた政治的・軍事的な力の場にイランを置いて分析する第Ⅰ章と第Ⅱ章、次にイラン国内の集団編成における変化を例示する第Ⅲ章と第Ⅳ章、そして「イラン系」の人々のつながりの知的・実質的側面をとりあげた第Ⅴ章と第Ⅵ章で構成されている。

第Ⅰ章の吉村論文は、大国同士の駆け引きや力の行使がイランの外交はおろかイランの存立そのものと不可分であることを説明する。イランで人々の示威行為による大きな政治的転換（革命）が可能であったのは、帝政ロシアが革命によって転覆しイギリス（大英帝国）がドイツの抬頭をみて国際戦略を転換しなくてはならなかった二〇世紀初頭と、ソ連がアフガニスタンに気を取られる一方、アメリカがイランに対して一貫した戦略をとりえなかった一九七八年であり、それ以外の時期の政治運動は初期の目的に到達することが極めて困難であった事情が分析されている。

第Ⅱ章の松永論文では、欧米メディアで「過激主義の弧＝シーア派三日月地帯」への警鐘というコンテクストで着目されがちなイラン革命防衛隊とイラクのシーア派民兵「バドル機構」の関係が、イラン・イラク戦争期の人的ネットワークにさかのぼって明らかにされる。アプリオリにシーア派だから、というよりも、現実に進行する戦争のなかでイランの革命防衛隊とイラクからの亡命者たちの協力関係が築かれた経緯が説明される。イラン革命防衛隊のベテラン将校たちにとっては、政権転覆後、国軍が崩壊している状況で西から侵略され、義勇兵を募ってなんとか凌ごうとしていたイラン・イラク戦争期と二〇一五年のイラクが、パラレルなものとみなしうることが示される。

第Ⅲ章の鈴木論文は、かつては遊牧民が集住していたコフギルイエ・ヴァ・ボイラフマド州のアーブリーズ村で現地調査を行った成果を報告する。村における第一二期大統領選挙の実態を明らかにし、経済単位としては既に実効性を持たない部族という単位が、選挙の時には独特な投票行動につながることを分析している。

第Ⅳ章の細谷論文は、イランで一九九〇年代から活性化しているNGOに焦点をあて、脊髄損傷者のためのNGOの実態をフィールドワークに基づいて明らかにしている。イランの医療・看護系のNGOにおいては、イスラームの説く「慈善行為」と近代的な「人権」感覚が融合しており、これまでの親族頼み、あるいは国家による行政サービスとは別の次元で、新しい行為主体によるネットワークが成長しつつある様子が認められる。

第Ⅴ章の黒田論文は、一八世紀〜一九世紀にイギリスとロシアに旅した、三点のペルシア語のイラン系知識人の旅行記を取り上げて、当時の知識人たちがどのように見聞した近代的な組織を記述したかに焦点をあてる。彼らの遣欧ミッションに影響した当時の複雑な国際情勢、経済や技術力・軍事力における力関係の変化にも目配りをすることで、異文化理解の視座を形成するコンテクストについてもあわせて明らかにしようと試みる。

第Ⅵ章の山岸論文は、近代におけるペルシア語を読み書きする人々がつながろうとする営為（ネットワーキング）がメディアとの関連でどのように展開してきたかのアウトラインを示しつつ、場所・領土とナショナルな意識の位相を考察しようとする。従来のナショナリズムの議論では、郷土のイメージが民族・国民の「ホーム」像に重なると考えられてきたが、イラン系の人々が、ルーティーンとなっている生活を送り愛着を持つ「場所」が「国」に直結しない環境でも、ナショナルな意識を培い、維持するネットワーキングの可能性を示す。

わずか六本の論文で、今日のイランの社会と政治を網羅的に語ることはもとより不可能で、重要であるとわかってはいても本書ではとりあげることのできなかったトピックも少なくない。研究プロジェクトメンバーのさらなる研究の展開と、次世代の研究に期待するところは大である。

最後に、研究プロジェクトの連携研究者・研究協力者として貢献してくれたものの、本書にその論文を載せられなかったメンバー、プロジェクトで主催した研究会のスピーカーを引き受けてくれた方々とその参加者の方々、そして本研究プロジェクトの遂行に協力・助力を賜った関係者に感謝を申し上げる。

山岸　智子

地図　イランとその周辺

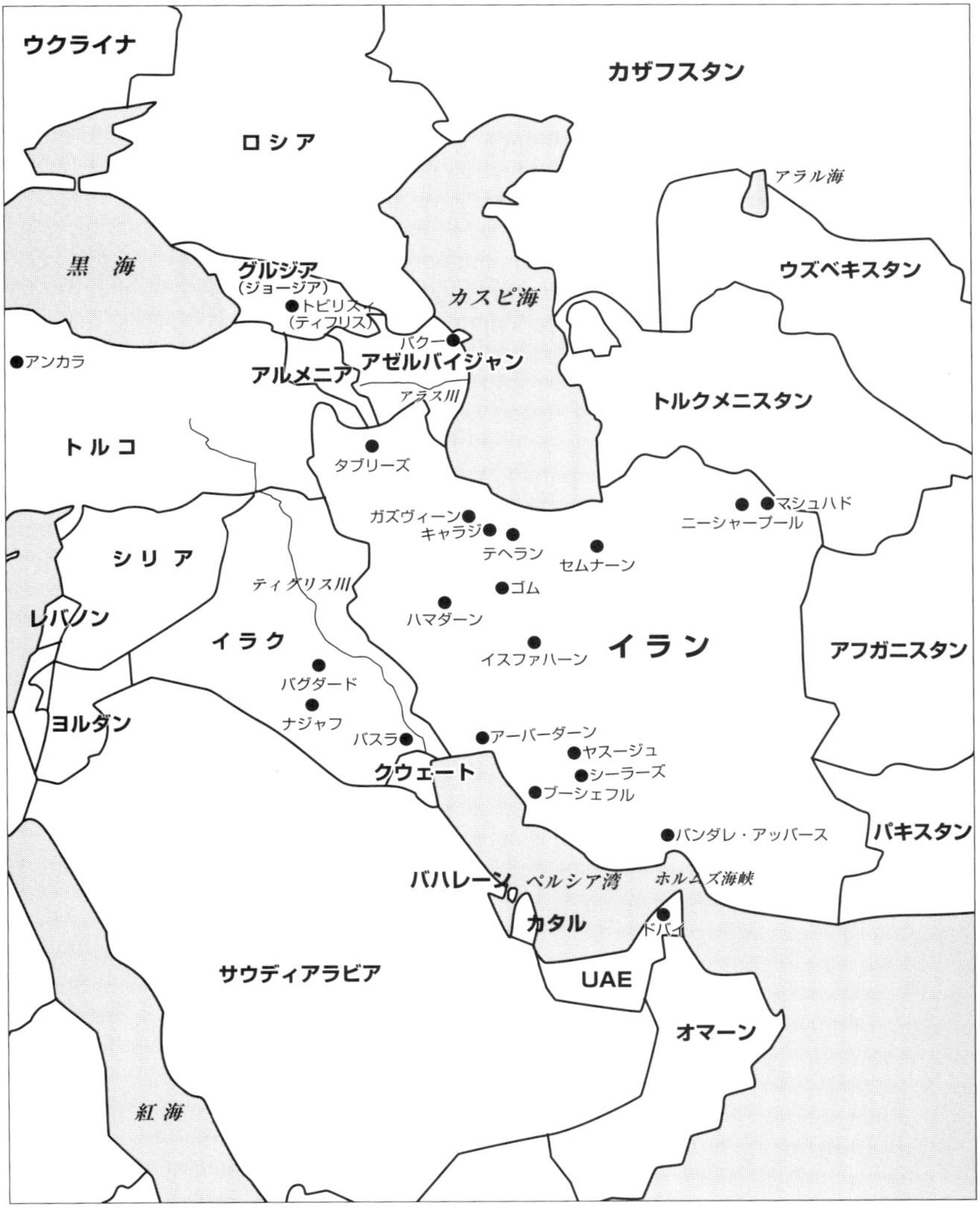
ウクライナ
カザフスタン
ロシア
アラル海
黒 海
グルジア
(ジョージア)
トビリスィ
(ティフリス)
カスピ海
ウズベキスタン
バクー
アンカラ
アゼルバイジャン
アルメニア
アラス川
トルクメニスタン
トルコ
タブリーズ
マシュハド
ニーシャープール
ガズヴィーン
キャラジ
テヘラン
セムナーン
シリア
ゴム
ティグリス川
ハマダーン
レバノン
イラン
イラク
イスファハーン
アフガニスタン
バグダード
ヨルダン
ナジャフ
アーバーダーン
バスラ
ヤスージュ
シーラーズ
クウェート
ブーシェフル
バンダレ・アッバース
パキスタン
バハレーン
ペルシア湾
ホルムズ海峡
カタル
ドバイ
サウディアラビア
UAE
オマーン
紅 海

目次

第Ⅲ章　選挙と部族社会――鈴木　優子

――第一一回大統領選挙における
コフギルイエ・ヴァ・ボイラフマド州の動向

第Ⅵ章　ネットワーキング——領土を越えるイラン人意識——山岸　智子

第Ⅰ章 大国政治のなかで
――繰り返される介入と抵抗

吉村　慎太郎

「イラン」という国名を耳にするとき、欧米世界や日本ではいかなるキーワードを用いて一般に語られるのであろうか。「イスラム原理主義」国家、「ならず者」国家、「国際テロ支援」国家、さらに「悪の枢軸」や「核（兵器）開発を秘かに進める」国家といったキーワードがただちに想起されるかもしれない。一見事実のように思われがちなこれら用語をいくら並べ立てても、ダイナミズムに富んだ現代イラン政治への正しい理解をもつことはできない。というのも、それら用語は所詮一九七九年革命後に外部からこの国に与えられた言説やレッテルであり、内部で歴史的に培われた論理の裏付けを欠いた一方的な見方にすぎないと考えられるからである。イランを歴史的に幾度も翻弄してきた大国がもはやこの国の動向を思うがままに操れないからこそ、こうした用語も頻繁に利用されるようになったとさえいえる。

こうした点との関連で、以前執筆した論考でイラン近現代の政治史をペルシア絨毯に譬えたことがある。[1]

内政を縦糸に、国際政治を横糸に、複雑多彩に編み上げられた歴史絵のごときその様相は、中東諸国をはじめ多くの国々でも同様であるとも考えられるが、イランの場合、国際政治の権力ネットワークがこれまでこの国の命運を幾度となく左右してきたことから、特に注目すべき性格であるといわざるをえない。

本論は、イラン政治の対外的従属化との関わりが顕著な事例を以下概略的にとりあげる。それを通じて、イランの民族／宗教的抵抗運動の変容、それらにもとづくさまざまな政治現象の背景を解き明かすひとつの糸口として、冒頭のキーワードから連想される対イラン認識とは異なる実相を少しでも明らかにしたいと考える。

1 「立憲革命」という名の抵抗運動と英露

多くのアジア諸国が一九世紀以来、欧米諸国の圧倒的な経済力と軍事力を前に従属化を余儀なくされてきた。イランもその例に漏れず、かかる従属化に対する抵抗を繰り返してきた。特にイランは、南下政策を採用する帝政ロシアと、植民地支配下のインド防衛を優先的に図っていたイギリスのはざまにあって、それら両国が角逐する空間、またはその間の「緩衝国」という地政学的位置を与えられてきた。そのことが、イランの隷属的な状況を特徴付ける政治的条件となった。この点は、ガージャール朝（一七九六～一九二五年）第四代国王ナーセロッディーン・シャー（在位一八四八～九六年）の治世下で顕在化する英露両国による利権獲得競争に最も端的に現れている。

英露以外にも多くのヨーロッパ諸国が利権を供与され、経済的繁栄にも繋がったサファヴィー朝期

（一五〇一〜一七三六年）とは異なり、ガージャール朝下の一九世紀後半には専横なシャー（国王）の意のままに、主要な利権は圧力を行使する英露両国にほぼ独占され、イランの従属化（「半植民地化」）はいきおい加速した。[2] 特に、紙幣発行権を有するペルシア帝国銀行の開設利権が一八八九年にイギリスに与えられると、帝政ロシアには貸付銀行開設利権がその五年後に供与されるなど、英露両国による競合的なイラン支配は誰の眼にも明らかとなった。こうして、鉄道・道路・電信線などのインフラストラクチャー整備のほか、経済・金融分野、そして石油・鉱物資源の天然資源開発分野において、イランはその後、半世紀以上に及ぶ英・露（ソ連）二極の大国政治に常に従属状況を強いられる存在であり続ける。それに歯止めをかけようとする抵抗運動の発生は必然的であり、それがタバコ・ボイコット運動（一八九一〜九二年）と、それを先例とした立憲革命（一九〇五〜一一年）である。

前者の抵抗運動は英人投機家G・F・タルボットに譲渡されたタバコの栽培・加工・販売・貿易に関わる包括利権に対して、イランのタバコ商人らを中心に発生したが、その後運動はシーア派最高権威（マルジャ）のミールザー！ハサン・シラーズィーの「タバコ禁令」を通じて全国化し、最終的にはナーセロッディーン・シャーに同利権の撤回を余儀なくさせた。[3] 後者の立憲革命はこうした抵抗運動の成果を踏まえ、革命と呼ぶにふさわしい一大政治運動として知られている。

ここで時系列的に立憲革命の経過を詳細に辿ることはできないが、国民議会開設と憲法制定により、シャーの専制支配と英露の競合的支配に歯止めをかけることを目指したこの革命は、おおむね以下の三段階に分けられる。[4]

まず第一段階は、日露戦争の影響下で輸入される砂糖価格の高騰のため、その責めを負わされた砂糖商人への鞭打ち事件をひとつの契機に、第一議会がイランで初の選挙を通じて開会し、憲法・憲法補則が制定される成果を残した第一次立憲政期（一九〇五～〇八年）である。しかし、その憲法を批准した第五代モザッファロッディーン・シャー（在位一八九六～一九〇七年）の急死で、急遽即位したモハンマド・アリー・シャー（在位一九〇七～〇九年）が〇八年六月にロシア人指揮下のイラン・コサック軍に議会砲撃を指示し、議会閉鎖を強行して始まり、最終的には北部タブリーズやラシュトの市民軍と南部バフティヤーリー部族軍の進撃を前にわずか一年でその支配が潰える小専制期（一九〇八～〇九年）が第二段階を構成する。その後、新たに選挙を実施し、第二議会は開会するものの、一枚岩的にみえた立憲派が分裂し、一一年にはイランの財政再建のために雇用されたアメリカ人財政顧問M・シャスターの解任を求めるロシアの軍事的圧力の前に、議会閉鎖を余儀なくされる第二次立憲政期（一九〇九～一一年）へと続き、これをもって立憲革命の最終段階は終わりを告げる。

英露の大国政治が以上の立憲革命の展開過程に与えた影響は甚大であった。まず第一に、国民議会の開設と憲法制定を求めた運動はバスト（籠城）を通じてガージャール朝に圧力を加える運動として開始されたが、それが首都テヘランのイギリス公使館敷地内で実施されたことと無関係ではない。すなわち、前述のタバコ・ボイコット運動でダメージを負い、ロシアによる対イラン政治・経済攻勢に憤慨さえしたイギリス政府としては、威信回復を目指す外交攻勢に出る必要があった[5]。イランの立憲派はそうしたイギリスの政治姿勢を前提に、バスト実施の「聖域」として同公使館敷地を利用できた。しかし、一九〇七年、ドイツの域内進出と、植民地インドへの立憲革命の波及をも恐れたイギリスは、ロシアとの間でイラン国土の勢力範囲を取り決める「英露協商」[6]を締結した。この勢力範囲分割により、立憲革命はシャスター解任を強く要求する英露両国のあからさまな介入を受ける運動となり、最終的に挫折を余儀なくされる。もちろん、立憲派の内部分裂といった運動自体の脆弱性は問われるとしても、英露による大国政治が多くの人命を犠牲にした立憲革命を、最終的に「未完」の革命として終わらせた主たる要因であるといって間違いない。すでに著しく弱体化したガージャール専制支配ではなく、英露二極支配こそがその後のイランの前に立ちはだかる重大な障害であることは明らかとなった。そして、立憲革命終焉から三年後に勃発する第一次世界大戦は、イランに更なる苦難を与える試練となった。

2　二つの世界大戦、イランの悲劇と大国政治

ところで、イラン政府は第一次、第二次の両世界大戦において「厳正中立」を当初宣言している。しかしその宣言後、前者ではイラン国土は英露と、オスマン帝国・ドイツの間で戦われた戦場と化し、後者では英ソ両国の共同占領下に置かれた。特に第一次大戦では、外国駐留軍が農村から食糧を強制的に徴用した結果、深刻な飢餓とチフスが蔓延し、一説では二〇〇万人が死亡したといわれる[7]。

ともあれ、第一次大戦にイランが否応なく巻き込まれたのは、まずドイツが接近した西のオスマン帝国と、東のイギリス、さらにその同盟国であった北のロシアに囲まれるという地政学上重要な位置を占めていたからだけではない。大戦勃発直前にイギリス海軍省がそれまでの船舶燃料を石炭から石油に切り替える決定を下し、その供給がもっぱらイラン領内の油田に依拠することになったこともその背景にある。これについて、当時の英海軍相 W・チャーチルは「液体燃料の独立した所有者兼その供給の生産者となる

ことが、我々の究極的な政策である」旨、下院で発言している。[8] イラン南部の石油採掘利権は一九〇一年にオーストラリア人鉱山開発業者W・K・ダーシーに譲渡され、その後紆余曲折を経てイギリス政府を大株主とするAPOC（アングロ・ペルシア石油会社、後のBP、ブリティッシュ・ペトロリアム）が引き継ぐ形となった。石油が戦略物資に転換されたことにより、敵対国が油田、石油パイプライン、そして精製施設を占領ないしは破壊の対象に設定し、その結果イランは大戦に巻き込まれた。そうした状況下で、反英露姿勢を貫くイランの民族主義勢力は、一縷の望みを中央同盟国側との共闘にみいだし、テヘラン政府と袂を分かつ亡命政府の樹立に動いたが、それは戦局を覆すには至らなかった。

戦後、こうした大戦の戦火に巻き込まれたイランを待ち受けていたのは、イギリスが単独支配を狙って構想した一九一九年「英国・イラン協定」である。この協定は、一九一七年一〇月発生の革命によりロシアがイギリスとの共同支配から離脱し、植民地政策に反対する姿勢を明確に打ち出すレーニン指導下のソヴェト社会主義政権へと変貌する事態への対応策として、イギリス外相G・N・カーズンが考案した協定であったこともよく知られている。[9] しかし、イラン政治勢力が立憲革命の最中に保守的な「社会穏健党」と改革・革新的な「人民民主党」に分裂し、激しい主導権争いを行うに至った事情を考えれば、帝政ロシアに代わる新生ソヴェト政権の成立を受けて、社会主義イデオロギーにただちに共鳴することは、一部の知識人・政治活動家を例外に、いまだ難しい状況にあった。

その結果、第一次大戦後のイランの政情はさらに混迷を極めた。特に、英・イ協定反対運動が首都テヘランを中心に活発化する一方、一九二〇年四月にカスピ海のエンゼリー港にソヴェト赤軍が上陸したギーラーンでは、反英指導者クーチェク・ハーン率いる森林パルチザン（ジャンギャリー）とイラン共産党を主勢力とする革命政権が成立し、またそれよりも早くタブリーズでもリベラルな民族主義者S・M・ヘヤーバーニーを指導者としたアーザルバーイジャーン革命政権が成立した。英露から英ソへ、さらに両国間の対立という新たな事態を迎え、これら北部革命政権の存在と懸念されたソヴェト赤軍のテヘラン進撃の可能性、そしてその脅威におびえるテヘラン中央政府という構図は、国内政治勢力の配置を一層複雑化させた。つまり、実際には「反英・反ソ、親英・反ソ、反英・親ソ」の三極を軸にしながら、イラン政治勢力の対外的姿勢は激しく動揺したのである。反英という立場を共有し、イラン共産党とギーラーン革命政権で当初共闘したクーチェク・ハーンが、しかし革命政権成立から約半年後の二一年に入り袂を分かつとも、こうした政治姿勢の混乱と無関係ではない。ガージャール支配層を別としても、かつて英露二極支配に反対した抵抗勢力は戦後英ソ対立という新たな状況に直面し、さらなる分裂を遂げていった。

一九二一年二月、腐敗・堕落した王族・貴族の逮捕・追放を実行し、政治危機を克服するとともに、強固なテヘラン中央政府の再建を目指したクーデターが発生した。これはそれまで政治的要職とは無関係であったペルシア・コサック軍指揮官レザー・ハーン（Reza Khan）の政治的台頭の直接的契機となるが、このクーデターも英ソがこぞって作り出した戦後イランの政治危機を背景とする限り、対立する英ソ二国関係の副産物という性格を有する。そして、レザー・ハーンは幾度かの危機に直面しながら、軍部を統括し、政治的指導力を発揮し、二五年には自らがパフラヴィー王朝初代国王（レザー・シャー、在位一九二五〜四一年）に即位する。その間、そして国王に即位した後も、彼は英ソが拮抗する国際情勢を巧みに利用し、対外政策を展開した。[10]

一九二八年までには、レザー・シャー政権はイランの長年の悲願であったヨーロッパ諸国との不平等条約（キャピチュレーション）を破棄した。ここに少なくとも法的に対外的従属を解消する第一歩が記された。さらに、三一年には「反共立法」（正式名称、「国家的独立・安全に反対する先導者処罰法」）を施行する一方で、対ソ通商協定の調印を通じてソヴェト政権を刺激しない外交政策を採用した。またイギリスに対しては、世界恐慌の影響下で石油利権料が大幅下落する状況下で、三二年にはＡＰＯＣとの利権契約を破棄し、翌年利権料引き上げを盛り込んだ新協定を締結した。それは、予想されたイギリスの猛反発を回避するレザー・シャー政権の妥協的政策としてみなすことができる。

レザー・シャーはこのように英ソと厳しく敵対することなく、対外政策を採用してきたが、一九三四年六月のトルコ訪問後、反イスラーム的な「上から」の民族主義、世俗化、近代化を通じて独裁権力を強化した。同時に対外的にはナチ・ドイツへの接近も顕在化した。そのことは、特に三四年まで常に輸出入で上位を占めていた英ソに代わり、ドイツが翌三五年以降では一躍主要貿易国（全輸出の三二％、全輸入の二五％）の地位を占めたことでも明らかとなる。その間、ドイツ経済相Ｈ・シャハトやナチス青年組織指導者Ｂ・Ｂ・シーラッハといった要人のイラン訪問や、教育分野での人的交流の拡大、ドイツ系企業との契約調印など、独イ間の関係強化が積極的に進められた。

一九三九年九月に第二次大戦が勃発するや、レザー・シャー政権は先に言及したように、「中立」を直ちに宣言した。しかし、事態の急激な変化から英ソがイランの中立と国家主権の尊重を認めるはずもなかった。ドイツ・イタリアが相次いで周辺諸国を占領下に置き、枢軸国側に有利に展開した戦局があり、それに加えて四一年四月のイラクでの反英軍事クーデターの発生、不可侵条約（一九三九年八月締結）を破棄したドイツによる対ソ戦開始（一九四一年六月）も、連合国側がイランに厳しい圧力を加える材料となった。

立憲革命の末期、帝政ロシアが財政顧問シャスターの解任をめぐって最後通牒を突きつけたごとく、今回は英ソが共同でイラン在住ドイツ人の国外追放を求める最後通牒を発出し、そのうえで九日後の八月二五日、英ソ両軍が南北からイランに進駐した。瞬く間にイラン軍は総崩れとなり、国土は英ソ両軍によって占領された。イラン国土は「武器貸与法」（レンドリース・アクト、一九四一年三月アメリカ議会承認）にもとづくアメリカの対ソ物資輸送ルートに位置づけられた。

石油資源の存在に加えて、戦時下でのかかる地政学的重要性から、イランは再び外国軍の占領下に置かれることとなった。王朝創設当初のブレーンの多くを独裁化の過程で排除してきた国王レザー・シャーには、もはやしたたかな外交を展開する能力も余裕もなく、彼が国際政治の力学を大きく見誤ったことは間違いない。英ソ共同占領の翌月、彼は退位に追い込まれ、息子モハンマド・レザーがパフラヴィー王朝第二代国王に即位した。イギリス政府の政治的意図を反映したこの王位継承は、戦間期に一旦後景に退いたかのようにみえた英ソ二極支配が国際政治の変動次第で再浮上することを如実に示すものであった。

3　冷戦下の民族運動と親米独裁政権の成立

戦後中東全体にも深刻な影響を及ぼす東西冷戦の起源については諸説があるが、米ソ間の初発的な対立は大戦末期のイランをめぐって早くも確認できる。それは、特にスターリングラード攻防戦（一九四二年一一月～四三年一月）におけるドイツの敗北を通じて、先述の「武器貸与法」にもとづく対ソ軍事物資支援の重要性が薄れていった時期と重なる。アフマド・ガヴァーム政府（一九四二年八月～四三年二月）が財務長官A・C・ミルズポーを含む多数のアメリカ人顧問を採用するなど、対米接近路線を導入し、さらに米系石油会社が四四年二月にバルーチスターンを中心とした南部石油利権獲得に関心を示し始めたことは、ソ連を刺激しないわけはなかったからである。マシュハド駐在イギリス領事C・スクラインは、米ソ関係が「なかんずくソコニー・バキュームとシェル石油の努力により、熱き戦争同盟国から冷たい戦争ライバル」に変化した旨指摘している[11]。そのため、ソ連は外務人民副委員S・カフタラージェを急遽イランに派遣し、ソ連軍の威嚇的な軍事パレードを実施し、加えて四一年創設のトゥーデ党（親ソ派共産党）を用いて当時のモハンマド・サーエド・マラーゲ政府（一九四四年三月～一一月）への反対運動にも着手した。その後、ソ連共産党機関紙『イズベスチア』には、アメリカを名指しで非難する記事も掲載された。

以上を前提に、戦後一九四五年一二月にイラン北部で「アーザルバーイジャーン自治政府」の樹立が宣言されたのに続き、クルディスターンでも翌四六年一月に「マハーバード共和国」の建国が発表された。これらをソ連が軍事的に後援しているとして、米国トルーマン政権（一九四五～五三年）はすでに四六年三月にイラン領からの撤退を終えていた英軍同様、ソ連にイランからの即時撤退を求めた。その際、原爆使用の可能性さえ匂わす「対ソ警告」も発した[12]。こうした危機は、再度首相に返り咲いたガヴァームがソ連指導部に石油利権譲渡の期待を抱かせつつ、ソ連軍の撤退を引き出す一方で、上記二州での自治要求運動に対する軍事的弾圧の実施という巧みな政策に訴えたことにより、ようやく回避された。

イギリスに代わり、アメリカがイランをめぐってソ連と対峙し始めた顕著な事例は、一九五〇年代初頭に発生した石油国有化運動（一九五一～五三年）にみられる。既述の利権料見直しを図った一九三三年四月調印の新石油利権協定が英・イ間で締結されていたとはいえ、それが依然AIOC（アングロ・イラン石油会社、ＡＰＯＣの後身）に莫大な石油収入をもたらすという構図に何ら変化はなく、石油国有化はイランの民族主義勢力が大国支配からの独立に向けて追求する最重要課題であった。そこで浮上するのが、「国民戦線」指導者であり、また首相として石油国有化運動を名実ともに率いたモハンマド・モサッデグの唱えた「均衡否定論（movazene-ye manfi）」である。それは、きわめてイラン的な政治的特性を示す政策原則であるといってよい。

既述のごとく、一九世紀のナーセロッディーン・シャーの治世において、特に政治的軍事的に圧力を緩めることのない英露に対して、脆弱なイラン（・ガージャール朝）政府は利権譲渡を中心とした幾多の妥協を通じて、かろうじて命脈を保つことができた。こうした英露間のバランス（均衡）を積極的に図る政策、すなわち「均衡肯定論」（movazene-ye mosbati）は、イランでは政権の生き残りの術として伝統的に模索されてきた。その方針とは対照的に、モサッデグは例えば石油利権譲渡がＡＩＯＣによる影響力の行使・介入に結果し、それが議会や政治勢力の性格や構成にも悪影響を及ぼすものと捉えた。大国間のバランスを取るかのごとく、もう一方の大国への妥協は、主権国家イランの独立だけでなく、イランの民主的諸制度の発展自体を否定することに他ならない。したがって、「均衡否定」はモサッデグの考えによれば、独立の達成と民主的政府樹立の必要条件であった[13]。

立憲革命とともにイラン民族運動の金字塔とみなされるこの運動は、しかし最終的に大国政治からの解放を遂げられずに終わった。イラン議会で承認された石油国有化法に対抗し、イギリス政府はイラン石油の輸入をボイコットする国際的なキャンペーンを展開し、イラン側に財政的圧力を加えた。これにより、モサッデグ政府を窮地に陥れる一方、さらにイギリスはアメリカのアイゼンハワー政権（一九五三〜六一年）

と共謀したクーデター計画（ＡＪＡＸ）を立案・実施したからである。セオドア・ローズヴェルト（第二六代アメリカ大統領）の孫でその工作に直接関与したＣＩＡ工作員カーミット・ローズヴェルトが当時の金額で一〇万ドル相当を使って暴徒を動員し、軍がそれに呼応してクーデターを実行に移したことは彼自身の著書で明らかにされている。[14]トゥーデ党による石油国有化運動への合流が、トルーマン政権以上に反共的政治姿勢を色濃くしたアイゼンハワー政権の対ソ政策を刺激したとしても、クーデター後に米系石油企業五社を含むメジャー八社が「国際石油合弁会社」（コンソーシアム）を結成し、イラン政府との間で新協定を締結したことから、クーデター実施の動機が単にアメリカ政府の対ソ脅威論に根差したものとは言い切れない。

イギリス本国外務省ではなく出先機関（公使館）が関わる一九二一年クーデターを契機に台頭した父親に似て、息子モハンマド・レザー・シャーは米英両政府が直接関与したクーデターを通じて独裁的権力を以後形成していく。それを後援したアメリカの役割は見逃せない。一九五七年のＳＡＶＡＫ（「国家情報治安機構」）創設へのＣＩＡの協力はその一端である。些細な政治活動さえも取締り、逮捕された被疑者に拷問も加えるこの「秘密警察」を礎に、シャー独裁は強化された。他方で、彼は自らが開明的で、近代化を推進する立憲君主としてのイメージを対外的に作り出すことも忘れなかった。その点で、六〇年初頭より実施された「白色革命」を指摘しないわけにはいかない。

「シャーと人民の革命」とも呼ばれたこの「上からの改革」は、森林の国有化、国営企業の民営化、工業労働者への利益配分、女性参政権の導入、識字率の向上を目指す教育部隊の創設、そして農地改革を主たる柱とする。こうした改革実施の背景には、紀元前六世紀に遡る古代アケメネス朝ペルシアの繁栄と安定回復を自らの歴史的使命と位置づけ、一九世紀以来の英露（英ソ）のはざまにあって、父レザーがそれら両国の干渉を阻止するために「力による対抗手段」を採用したものの、それが挫折したことを熟知する息子モハンマド・レザーなりのナショナリズム観がある。

彼は帝国主義列強に対抗するために、「国益に一致した最大限の政治経済的な独立政策」こそが必要であるとして、それを「積極的ナショナリズム」と呼んだ。[15] しかし、こうした彼の政策姿勢は、当時ケネディー政権（一九六一～六三年）がラテンアメリカを中心に、世界各地での「ドミノ倒し」的な共産主義化に警戒感を募らせ、それに対抗するために唱導した「進歩のための同盟」と合致する性格を有した。言い換えれば、上記の「積極的ナショナリズム」は、「独立」を謳いながらも、軍事的な対ソ封じ込め組織としての「バグダード条約機構」（一九五五年創設、五九年にイラクの離脱により「中央条約機構」に改称）への参加だけでなく、対米軍事協力協定（五九年）の調印というように、アメリカの軍事的庇護下で政権の存続を図る点で現実的な制約を受けていた。

ともあれ、「白色革命」における上記諸改革の中で、農地改革の政治的・社会的インパクトは特筆される。簡潔にいえば、それは十数カ村にも及ぶ大地主の存在が決して稀ではなかった大規模土地所有制を解体し、小作農を自作農化することを目的に七一年の終了宣言まで三段階に分けて実施された。[16] 詳細は省くが、この改革は当の大地主層に加え、私的所有権を擁護するムーサヴィー・ホメイニーを含むウラマー（宗教学者）や神学生、伝統的社会層の反発（「ホルダード月一五日蜂起」）を惹起した。[17] その後、その農地改革の恩恵に与れなかった数百万規模の農民・農業労働者の大都市圏への人口流入も発生していく。また翌六四年には、イラン駐留米軍人・軍属に外交特権に等しい権利を認める内容の「米軍地位協定」締結問題を激しく批判したホメイニーが再逮捕され、国外追放処分を受ける事件も発生した。そして、六五年にトルコからイラクに移動したホメイニーはナジャフのシーア派神学校で、「イスラーム法学者の統治論」という、七九年革命で一躍脚光を浴びる新たな政治秩序の構想を練っていくことになる。

一九六〇年代後半～七〇年代前半まで、シャー政権はまさに飛ぶ鳥落とす勢いで近代化路線を推し進め、また域内大国の地位の確立を追求した。それは、域内国際関係の変動にも後押しされた。六八年にイギリスが緊縮財政から「スエズ以東からの撤退」を宣言し、中東における支配的地位が後退したことに加え、ベトナム戦争への介入で疲弊したアメリカがニクソン共和党政権（一九六九～七四年）下でそれまでの対外的に過度な軍事介入を抑制する基本方針（六九年七月「グアム・ドクトリン」）を打ち出した結果、英米に代わってイランが「ペルシア湾の憲兵」という役割を担っていく結果にもみられる。かかる対外的威信の拡大から、七一年には国家的一大行事「建国二千五百年祭」も開催された。さらに、ニクソン政権の後押しを受けたシャー政権は、七〇年代前半にイラク・クルドへの大規模支援という内政干渉を通じて、親ソ的イラク・バアス党政権（一九六八年成立）を窮地に陥れ、シャットル・アラブ川国境線の有利な改定（七五年アルジェ協定）を最終的に引き出すことにも成功した。七三年のOPECの石油価格引き上げは、こうしたシャー政権を財政的に潤す重要な条件となった。

このように、東西冷戦下でシャー政権はアメリカの後援を受けつつ自立し、域内覇権国の地位さえも得たかのようであった。しかし、アメリカではニクソン大統領が「ウォーターゲート」スキャンダルにより七四年八月に辞任し、急遽副大統領から昇格したG・R・フォード政権を挟んで、七七年一月にJ・カーター政権（一九七七～八一年）が成立する中で、シャー政権はそれまでの国内政策により蓄積された深刻な矛盾に遭遇し、大きく動揺していく。その結果が七九年に達成されるイラン（・「イスラーム」）革命である。

4　一九七九年革命、米ソ、そして「東西不偏」原則の挫折

すでにみてきた立憲革命にせよ、石油国有化運動にせよ、大国による直接介入でそれら民族・民主化運動は挫折を余儀なくされた。その点でいえば、一九七九年のイラン革命はまったく別のパターンを辿った。というのも、シャーの独裁擁護という過去約一五年に及ぶアメリカの政策を直視せずにいた（あるいは軽視していた）J・カーターによる「人権外交」の唱導が契機となり、反体制指導者ホメイニーとその支持者、その他多くの反体制組織がこぞって政治活動を活発化し、それに対してシャー政権は従来の弾圧政策を採用できなくなったからである。

加えて、カーター政権は一九七八年一月にペルシア語新聞『エッテラーアート』紙上での「ホメイニー中傷記事」の掲載に端を発し、その後拡大する反復的な反シャー運動への対応策についても、自ら「人権外交」を唱える以上、あからさまな弾圧をシャー政権に指示、あるいは容認したりすることができなかった。より正確には、人権重視の立場から流血の事態を最小限に抑えたいとするC・R・ヴァンス率いる国務省と、逆に弾圧もやむを得ないとする大統領補佐官Z・ブレジンスキーをメンバーとする国家安全保障会議やJ・R・シュレジンジャー率いるエネルギー省からの相異なる政策シグナルが伝えられ、シャー政権は極度に混乱した。[18] そして、カーター自身は七八年九月五日から二週間、エジプト・イスラエル間の和平協定締結に向けたキャンプデーヴィッド合意交渉の準備・実施・追跡調査に忙殺されていた。

この交渉中の九月八日には、テヘラン、ゴム、タブリーズなどの主要一一都市で、向こう六カ月間の戒厳令施行が発表された。その早朝、テヘランでは政府軍がデモ隊に無差別発砲し、多数の死傷者が出る「黒い金曜日」事件が発生した。政府の公式見解では、死者は九五人程度とされたが、反体制派筋は三〇〇〇人と発表した。この事件での流血の惨事以降、反シャー運動は勢い激化した。石油関連労働者やバーザールのストライキが政府に経済的打撃を与える一方、追放先イラクからフランスに移動したホメイニーと他の反体制指導者の会談、シャーによる謝罪会見と腐敗・汚職容疑による元首相を含む政治家・官僚・実業家の逮捕など、七八年末までに事態はさらに新たな展開を迎えた。そして翌七九年一月一六日に国民戦線メンバーのS・バフティヤールに後事を託し、シャー自身が国外退去したことで、パフラヴィー王政の瓦解は秒読み段階に入った。

以上のように、シャー独裁政権をこれまで擁護してきたアメリカ・カーター新政権の外交方針と政策は、イランの反体制運動の開始と革命プロセスに多大な影響を及ぼした。さらに、東の隣国アフガニスタンの政治情勢がシャー独裁成立までのイラン内政にさまざまな圧力を加えてきたソ連の動向を左右する、重大な影響を与えた。七八年四月の「サウル革命」の結果、M・ダーウード政府を打倒したアフガニスタン人民民主党（PDPA）指導の社会主義政権が成立したが、保守的な部族勢力はこれに反発し、その後内戦状態の危機に突入した。加えて、PDPA内部ではハルク派とパルチャム派間の内紛が再発し、七九年一二月二四日にはそれを終息させるべく、ソ連は直接軍事介入せざるをえないことになる。アメリカがイラン危機に介入できずにいたことは、ソ連にとって影響力拡大の好機であったが、アフガニスタン問題の発生はその機会をソ連から奪う格好となった。

著名なイラン外交史家R・K・ラマザーニーは、レザー・シャーの政治的台頭の直接的契機となる一九二一年クーデター後の状況を、「伝統的な英露間の競合関係が終わったことを意味しない」が、ともかくもイランにとって「幸運な対外的環境の同時発生」によって、イランが再スタートを切る余地を与えられたと指摘している。[19] 同様の「幸運な対外的環境の同時発生」は、七九年革命についてもみることができる。言い換えれば、大国による介入がイラン政治の命運を左右する重要なファクターであったこれまでの経緯からすれば、七九年革命は近現代史において二度目の幸運に恵まれた結果であった。かかる条件下で、国内での権力闘争を勝ち抜き、最高指導者に就任するホメイニーとその支持派（イラン・イスラーム共和党〈IRP〉）を中心に、「イスラーム法学者の統治体制」が七九年一二月初めに行われた国民投票で圧倒的多数の支持を得て正式に成立した。

既述の一九六四年の「米軍地位協定」を、不平等条約の証として「キャピチュレーション」（治外法権）と捉え、イスラーム諸国民やその政府・支配者向けに訴えたホメイニー発言として、以下のようなものがある。

アメリカはイギリスよりも悪く、イギリスはアメリカよりも悪く、ソ連はそれら両国よりも悪い。すべて（のそれら国―筆者）はいずれよりも悪い……アメリカ大統領は我が国民にとって世界で、……そして世界中の人々に最も嫌われた人間である……今日コーランが彼に対する敵であり、イラン国民が彼に対する敵である。アメリカ政府はこの点を思い知らねばならない。[20]

革命後のテヘラン市内に貼り出された横断幕にその一部が記されたかかる発言から、それまでイランの従属化を図ってきた大国に対するホメイニーの歴史認識を垣間見ることができる。それを踏まえれば、革命後のイラン新政権の外交原則が冷戦下で、「東西不偏 Na Sharq va Na Gharb」であっても驚くに値しない。しかし、それは東西ブロックの軍事同盟参加の拒否を前提に冷戦下で唱えられた「非同盟運動」とは性格を異にする。「イスラームに境界はない」との認識のもとでイスラーム革命を拡散し、米ソ二極支配という既存の国際関係を根本から覆そうとする内容を特徴としているからである[21]。

このことは、ホメイニー指導下のイラン革命政権が「親米」、あるいは「親ソ」とみなされる政治諸勢力を、政治舞台から次々に排除する権力闘争において著しく効力を発揮した。まずアメリカとの交渉に従事したことでメフディー・バーザルガーン暫定政府指導部にみられたリベラル派が失脚に追い込まれた。クルドやアラブといった少数民族の自治要求運動も、「アメリカの手先」による陰謀として徹底的に弾圧を加えられた。さらに、フェダーイーネ・ハルクやモジャーヘディーネ・ハルクといった左翼武装勢力、そしてトゥーデ党も、その後政治舞台から一掃されていく。

以上の国内政治動向と同時並行で進められた事例として、まず一九七九年一一月四日に、「イマーム(・ホメイニー)の路線に従う学生たち」(四五〇人)がシャー独裁を支援してきた在テヘラン・アメリカ大使館を占拠し、館員五〇名以上を人質とする事件をいまさら挙げるまでもない。他方、対ソ連関係でも、クルドの自治要求運動に軍事支援を行っているとして、革命政権はこれを非難し、「イラン領の反ソ基地化の危険がある場合に軍の投入」を認めた一九二一年ソヴェト・イラン友好条約を米大占拠事件発生の翌日(一一月五日)に破棄した。先述したアフガニスタン侵攻はイランの反ソ姿勢をいっそう強化する材料となった。

こうしたイランの対米ソ関係が緊張化する中で、ホメイニー名代の派遣を通じた「革命輸出外交」が域内の周辺諸国に深刻な波紋を広げたことにも着目せざるをえない。中でも、六〇%前後のシーア派人口を抱えながら、第一次大戦後の建国以来スンナ派主導政権としての歴史を刻み、政治的に不安定な状況を繰り返してきた隣国イラクは、一四五〇キロにも及ぶ陸上国境を共有するイランの動向に警戒心を募らせた。シーア派宗教指導者ムハンマド・バーキル・サドルを指導者に、イランと同様のイスラーム国家樹立を求めるダアワ党がイラクで活動を活発化させていたからである。一九八〇年四月のバーキル・サドル処刑を手始めに、国内シーア派運動の弾圧に踏み切ったサッダーム・フセイン率いるバアス党政権にとって、イラン革命政権は最も深刻な脅威を与える存在であった。イラクにとっては「防衛的革命干渉戦争」とも呼びうる宣戦布告なき戦争が同年九月に勃発した。

以後八年に及ぶイ・イ戦争で重要なことは、国内的にはホメイニー指導体制の構築に効力を発揮した「東西不偏」原則が、イランの国際的孤立化、ひいては脆弱性と結び付き、イラクによる開戦とその後の戦況にも多大な影響を与えたことである。[22] たとえば、イラクと同様に、イランの脅威に怯えたサウジアラビアやクウェートは財政支援をイラクに対して実施し、またアメリカも衛星によって得たイランの軍事情報をイラク側に提供したが、それらはイラン側の「東西不偏」にもとづく「イスラーム革命輸出」政策に端を発した対応である。当初の不利な戦況を挽回するため、イランは人海戦術を通じて陸上戦を中心に一時期優勢となったが、一九八五年以降は再びミサイルや化学兵器を含む近代兵器を多用したイラクにより、劣勢を強いられる。

周辺アラブ諸国だけでなく米ソをも敵に回し、ほとんど四面楚歌の状態に置かれたイランは、機雷敷設を通じてペルシア湾にまで戦域を拡大した。これにより、同湾を航行する石油タンカーに大規模被害を与える危険性が深刻化した。その結果、一九八七年七月にアメリカは海軍艇を同海域に派遣し、軍事的にイランと対峙する様相も生まれた。加えて、イラクによる化学兵器使用も戦局に重大な影響を与えた。圧倒的な劣勢と国際的孤立、国内での高まる厭戦機運、そして政権指導部内での分裂の中で、イランはそれまで態度を保留してきた八七年七月採択の安保理停戦決議五九八号を翌年八月に正式受諾せざるをえない状況に追い込まれた。それはイランの事実上の敗北を認めるに等しい決断であった。

このように、「東西不偏」原則は陰に陽にイラン革命政権に影響を及ぼした。その原則自体が立脚した社会主義陣営・資本主義陣営という冷戦構造が一九九一年一二月のソ連崩壊で終焉を迎えた後、イランはアメリカ「一極主義」と評された国際秩序の中で、新たな対応を模索する時代を迎えることになる。

5　冷戦後アメリカ（「一極主義」）とイランの対外政策の新展開

一九九〇年八月にクウェートに侵略したイラクが、九一年「湾岸戦争」を経て国際的な制裁下で弱体化を余儀なくされる中で、イランはソ連崩壊後に誕生したロシアと中央アジア・環カスピ海諸国を中心とした独立国家共同体（CIS）との関係強化を図った。特に、八九年六月の死去直前にホメイニーが発出したM・ゴルバチョフ（ソ連共産党書記長）宛ての書簡を通じて、すでに対ソ関係の改善への意向が冷戦終焉以前に示されていた結果、経済・文化交流だけでなく、イ・イ戦争を通じてその重要性が再認識された科学技術面でもロシアとの協力関係は強化された。当初それを担ったのが、アリー・ハーメネイーを最高指導者とするポスト・ホメイニー政権成立と同時に、新大統領として「現実主義外交」を展開したハーシェミー・ラフサンジャーニー政府（一九八九〜九七年）である。
他方、結果的に冷戦の勝利者となったアメリカの反イラン姿勢には変化はなかった。G・H・W・ブッシュ共和党政権（一九八九〜九三年）の後を受けて成立したB・クリントン民主党政権（一九九三〜二〇〇一年）が、イ・イ両国を大量破壊兵器開発に従事する中東全体への脅威とみなし、九五年五月から「二重封じ込め政策」を採用したからである。また、翌年八月にはリビアと共にイランが国際テロ支援国であるとして、「イラン・リビア制裁法」（通称「ダマト法」）が加わり、イランに対する経済的締め付けはいっそう強化された。「現実主義外交」を展開しつつも、ラフサンジャーニー政府が決して非難を緩めることのなかったイスラエルと在米シオニスト・ロビーの圧力がクリントン政権の対イラン政策に影を落としていたことは看過されてはならない。[23]
ここでイランの国内政治の動向に目を転じると、ハーメネイーを筆頭とする「保守派」と、対外的に柔軟な姿勢をみせるラフサンジャーニー指導下の「現実派」の間での亀裂が徐々に先鋭化したことが注目される。その結果、イ・イ戦争後の最重要課題であった経済復興も遅々として成果を挙げられないままに八年が過ぎ去り、一九九七年選挙では「改革派」指導者として突如脚光を浴びたモハンマド・ハータミーが有権者の圧倒的な支持を受けて大統領に選出された。「より良い明日」の実現を公約に掲げた彼は、「イスラーム共和国の強さは憲法の下で国民が保持する自由と諸個人の権利に根差す」ものとであるして、そのリベラルな姿勢を鮮明化した。[24]
対外政策面では、ハータミーは「現実主義外交」をさらに対米関係改善にまで拡げ、一九九八年一月に革命後初めてアメリカのメディア（CNN）の単独インタビューに応じ、その中でアメリカとの将来的な和解の可能性を示唆する姿勢も打ち出した。また二〇〇一年三月にモスクワ訪問を行ったことから、もはや「東西不偏」の原則にしたがい大国支配の国際政治構造をイスラーム革命の拡散によって打倒・再編するという野心は、当時のハータミー政府の政策には微塵もみられなくなった。むしろ、彼が唱導した「文明間対話」にも示されるように、外交交渉のいっそうの促進を通じた「開かれた」イランの対外的イメージの創出、物価高・失業率の高騰にみられる社会経済的問題の克服と経済再建、民主化を強く求める学生やその他青年層の不満に発した政治問題の穏便な解決などに向けた政策の採用がいきおい注目された。

このような路線はしかし、二期目を迎える二〇〇一年八月以降、経済復興の早急な成果を求める支持者の中でも青年層の失望・批判に直面するようになり、他方で欧米文化の流入に警戒心を募らせる「保守派」の反発が拡大した。そして、九・一一（「米国同時多発テロ」）事件、G・W・ブッシュ（二〇〇一～〇九年）政権による「反テロ戦争」の強行と、彼によるイラン・イラク・北朝鮮を「悪の枢軸」として非難した〇二年一月の一般教書演説の発表、さらに同年八月に「核（兵器）開発疑惑」（以下、「核問題」）[25]が追い打ちをかけ、ハータミー政府の融和外交に大きな痛手を与えた。アメリカの根強い反イラン姿勢に遭遇しながら、疑惑の払拭に追われたハータミー政府は経済再建という課題も克服できず、政治的エネルギーを奪われた。世論が政府への不満と失望を強める中で、〇五年六月開催の大統領選挙で多くの有権者が票を投じたのは、柔軟に対外政策を進める「改革派」候補ではなく、革命防衛隊との緊密な関係から「保守強硬派」に位置づけられた前テヘラン市長マフムード・アフマディーネジャードであった[26]。

ハータミー政府の二期目に浮上した「核問題」に関して、当初EU3（英仏独）がIAEA（国際原子力機関）と共に、イラン側との交渉解決を模索してきた。しかし、既述のように反イランの立場を鮮明に打ち出したブッシュ政権がイスラエルの意向を受けつつ、問題の交渉・審議を国連安保理に付託するべく主導権を発揮する中で、一九八〇年代初頭以来、宗教学者の出身ではない新大統領として注目されたアフマディーネジャードは、ハータミーと打って変わって「国際社会」との対決姿勢を打ち出した。国連総会でイランの原子力の平和利用を認めない体制を「核のアパルトヘイト」と非難し、また「イスラエルの地図上からの抹殺」や「ホロコースト神話」などの相次ぐ彼の問題発言は、欧米中心の「国際社会」に対する明らかな挑戦と受け取られた。そして、ウラン濃縮のための遠心分離機の大幅増設など、挑発的政策も相次いだ。

こうしたイラン側の強硬姿勢に対して、安保理も二〇〇六年七月の一六九六号決議を皮切りに、以後対イラン制裁決議を矢継ぎ早に採択し、イランに対する政治経済的締め付けを強化した。アフマディーネジャード政府はその圧力を回避ないし緩和するため、問題発覚以来の核の平和利用という従来のスタンスをそのままに、ロシア・中国・ブラジル・インド・トルコ・ベネズエラ（チャベス政権）など、国際社会におけるアメリカの主導権強化に反発、または非協力的な諸国との関係強化を模索し、現状打開を図ることに腐心した。中でも、特に積極的な外交的アプローチを図ろうとしたのが安保理常任理事国のロシアと中国に対してである。

たとえば、一九世紀におけるイラン領の割譲、立憲革命への軍事介入、北部イランでの自治要求・分離主義運動への支援、第二次大戦でのイギリスと共同した進駐・占領、トゥーデ党への支援、イ・イ戦争でのイラク支援といった歴史的経緯から、[27] イランでは反ロシア感情がいまだ根強く残っている中で、アフマディーネジャード政府は核問題絡みでは濃縮ウラン供給をロシアに期待し、あわせてブーシュフル原子力プラント完成に向けた協力を仰いだ。もちろん、そこには当然イラン政府なりの国益重視の打算がある。他方、ロシアにしてもイランの核兵器開発計画があるとすれば、その実現を脅威とみなす一方で、アメリカの中東全体での影響力拡大阻止にも外交努力を傾注しなければならず、その間で政策は揺れ動いた。そのため、反米的なアフマディーネジャード大統領選出と二〇〇九年の彼の再選を歓迎し、その間〇七年一〇月のV・プーチン大統領のテヘラン訪問にみられるように、対イラン関係改善に積極姿勢を示したものの、ロシアの影響力行使は自ずと限定的にならざるをえなかった。

実際、イランに厳しい安保理制裁決議採択を遅らせ、その制裁内容を緩和しようと介入しただけでなく、濃縮ウランの供給の種々の申し出を提案するなどの対応を打ち出した。しかし、他方でアメリカ・イスラエル関係に配慮し、二〇一〇年九月にはロシア製長距離地対空ミサイル（S-300）提供を撤回し、〇五年調印の協定では早期に完成するはずのブーシュフル原発の引き渡しが幾度となく延期され、ようやく稼働を開始したのは一一年九月のことであった。アフマディーネジャード政府の対ロシア関係は、その他〇九年のオバマ政権の成立、その後の「新戦略兵器削減条約」（二〇一一年二月発効）、さらに一〇年末からのアラブ諸国での民主化運動（俗称「アラブの春」）の発生にも影響された。つまり、ロシアはイラン側が期待したとおりの対米カウンターバランスとしての政治的役割を果たしたわけではなかった[28]。

次に一九七一年に外交関係がスタートする対中国関係をみれば、まず前提として中国にはロシアのようにイランに脅威を与え、また内政干渉を行ってきた歴史が皆無に等しいことから、七九年革命後もおおむね良好な状態を維持してきた。特に、中国はイ・イ戦争過程で国際的に孤立したイランへの主たる武器・兵器供給国となり、八二年頃より、良好な関係構築に乗り出した。たとえば、八二〜八八年の中国による対イラン武器兵器売却額はミサイルや戦闘機を中心に総額二三億ドル以上に達し、他の供給国を大きく凌いでいる。[29] こうした軍事的取引は戦後減少傾向を辿るが、それに代わるかのように、経済関係が九〇年代半ば以降の両国関係の中心を占めていく。中でも、七八年以来の改革開放政策にもとづき経済成長を続ける中国にとって、石油・天然ガスのエネルギー資源の確保は不可欠であり、アメリカ主導の制裁を受けるイランからの輸入拡大は勢い加速した。たとえば、九五年の原油輸入量（九億三一〇〇万キログラム）は二〇〇〇年に七・五倍、二〇〇五年に一五倍、二〇一〇年には二三倍近くにまで拡大した。また、天然ガスについても同じく九五年（二三〇〇万キログラム）ベースでそれぞれ一二・三倍、二四・五倍、四〇・三倍へと膨れ上がっている。[30] 貿易額の拡大に加え、その他中国系企業によるイランの地下鉄・道路・港湾施設・工場の建設への積極的な参加も挙げられる。

中国にとってのイランの重要性は以上のごとく、特に経済分野に集中していることが特徴的であり、他方同様のことはイランについてもいえる。とはいえ、さらに政治的な期待が中国以上にイラン側に強くあったことは否めない。というのも、イランは核問題をめぐり安保理による相次ぐ制裁決議を受けている以上、国際的包囲網を突破し、その被害を最小限に抑える必要があり、中国に国際的な政治的影響力の行使を求めていたからである。これに対して、中国政府はロシアと同様に、対米関係に配慮し、対イラン制裁の採択を阻むほどの行動に打って出ることはなかった。イランを脅威とみなす他のアラブ湾岸産油国の反発を招くことにも神経を使わざるをえず、中国の対応はきわめて抑制された。

以上概観したロシアと中国以外に、イランは先に言及したようにアメリカと一線を画し、それぞれの域内で影響力の強い国々との関係強化に向けた外交努力を重ねた。だが、それをもってしても、イランは経済制裁に発した深刻な影響を容易に振り払うことはできなかった。こうした中で、ハータミー政府時代に核問題の実務協議で交渉力を発揮したハサン・ロウハーニーが二〇一三年選挙において大統領に選出された。その対外姿勢は、前アフマディーネジャード政府の強硬な対決路線と対照的な「信頼醸成」重視の外交を特徴としたといえる[31]。その点から事前に予想されたとおり、核問題の交渉は積極的に進められ、最終的には二〇一五年七月のイランとP５＋１（安保理常任理事国とドイツ）の間での合意成立に結果した。これによって、イランに対する国際的な制裁解除と対外関係の改善の兆しが見え始めた矢先、D・トランプ政権が成立した。この米国新政権が敵視するイランとその国際関係の先行きはすでに不透明化し始めており、今後いかなる事態に発展するか、正直予測も難しい。

結語にかえて

一九世紀以来の歴史の節目節目において、イランの近現代政治は英露、英ソ、そして米ソから米国単独といったように、主たるアクターの変化をともないながらも、大国による介入・干渉にさらされてきた。そうした大国の介入の結果として、パフラヴィー独裁王政が二代にわたり成立し、そしてイランの自前の民主的制度の模索と実現への試みが挫折してきた。そのたびに蓄積された国民の失望と不満にもとづき、また大国による介入を妨げるがごとき国際環境（「無風状態」）の成立という幸運にも恵まれ、七九年革命は達成された。しかし、その後の権力闘争を通じてホメイニー主導の「イスラーム法学者の統治（velāyat-e faqīh）」体制も成立した。その特異な性格とアメリカ大使館占拠・館員人質事件を通じて明らかとなる強固な反米性のゆえに、欧米世界ではイラン新政権に対して「イスラム原理主義」国家との呼称が一般化した。[32] しかしもとをただせば、こうしたイラン革命政権の成立自体は、上述のごとく、大国による反復的な介入・干渉の歴史の延長線上にある。このことから、自由と平等を体現すると考えられ、また中東・イスラーム世界と対極にあるともみなされがちな欧米世界による対中東政策と、いまだに続くその負の遺産、そして支配・従属関係は、イラン革命の結果とその後の今日的な問題とも無関係ではありえない。

そうした点は、冒頭で記したその他のキーワードについても、同様に考えることができる。たとえば、パレスチナ問題との関係で、イランにはイスラエルに反対するハマース（「イスラーム抵抗運動」）への支援を中心に、「国際テロ支援国家」という汚名が与えられている。二〇〇二年一月初めにイスラエル軍統合本部から発表されたパレスチナ向け「イラン製兵器摘発」問題が引き金となり、その四日後にブッシュ大統領はイランを「悪の枢軸」の一つとして糾弾した。ムスリムの土地パレスチナの不法占領とそこに住むパレスチナ・ムスリムへの弾圧支配を一九四八年の建国以来継続するイスラエルに対して、イラン革命政権が徹底した反対姿勢を貫いてきたという両国の敵対関係、そして前者イスラエルを中東における最重要同盟国として年間三〇億ドルもの無償資金供与を続け、常にシオニスト・ロビーの影響を受けてきたアメリカ政府の性格を考えれば、そうした非難の政治的背景は容易に理解可能である。アメリカ・イスラエルが「テロ組織」として糾弾するハマースやレバノンのヒズブッラー（「神の党」）は、イランにとってはイスラームを敵視し、大国アメリカの支援を受けるシオニスト国家に敢然と立ち向かう宗教的「抵抗組織」である。認識の出発点がこうも一八〇度異なる現実政治への理解なしに、イランを「国際的テロ支援国家」「悪の枢軸」と呼び捨てることはレッテル貼りを重ねる愚に等しい。

さらにイランの核問題についても、イ・イ戦争（での敗北）を介して、科学技術の必要性を痛感させられたイランの現体制が域内覇権の確立を目的に、核兵器開発を目指したものとしてまことしやかに語られる。そして、その問題はアメリカ・ブッシュ政権の介入により緊張を孕んだ国際問題へと発展した。もちろん、イランの核兵器開発計画の真偽は国家の最重要機密に属するがゆえに、容易に判断することは難しく、いくつもの状況証拠に依拠した判断とならざるをえない。だが、核兵器と戦争が切り離せない関係からいえば、紛争なき世界を創造できないばかりか、逆に中東における度重なる紛争のそもそもの原因を創出し、未解決状態のままに放置し続けてきたことは、中東の紛争当事国の責任のみを追及するだけではすまされない。[33]さらに、イスラエルがすでに核保有国であることは自明であるが、それが何ら問題視されたり、IAEAの査察や国連安保理の制裁対象にもならない。不法占領に加え、核問題でも公然たる「二重基準」が横行する中で、イランが唯々諾々と欧米中心の「国際社会」からの要求に従うとすれば、それは主権国家としての威信と存続にも関わり、イランの現政権にとって深刻な政治問題と化す可能性さえある。

以上概観してきたように、イラン近現代政治の歴史はこの国に貼り付けがちなレッテルやキーワードとは一線を画する別の視点を提供する。歴史に裏打ちされた現実的諸相と乖離することなく、むしろそれを基礎にした近現代イランへの理解こそが望まれる。そうした理解がないとすれば、新たなレッテルをイランに貼り付けるだけに終始する。ましてや、大国政治の制約下で形作られたイラン政治権力に反対する一般市民の動きをただちに「親米的」とみなし、実際そこにみられる複雑な葛藤や呻吟、そしてさまざまな抵抗の思いとあり様に想像を働かせることもないことになる。そうであれば、イランを含む中東世界との距離はいっそう遠のき、そこでの平和・共存は尚のこと実現困難な課題となるに相違ない。

註

1 吉村慎太郎「『六月危機』とイラン革命三〇年」(『歴史学研究』、No.八六四、二〇一〇年三月)、四〇頁。

2 Firuz Kazemzadeh, *Rus va Engelis dar Iran 1864-1914: Pejhuheshi dar bare-ye Emperiyalism* (tarjome-ye Manouchehri Amiri), Ketabha-ye Jibi, n.p., Tehran, 1354 (1975), 1966, pp.135-224.

3 Nikki R. Keddie, *Religion and Rebellion in Iran: The Tobacco Protest of 1891-1892*, Frank Cass & Co. Ltd., London, 1966.

4 立憲革命の展開に関する段階的区分として、より詳細には一九〇五年末~〇六年一二月三〇日のモザッファロッディーン・シャーによる憲法署名までの立憲制獲得期、その後〇八年六月二三日のモハンマド・アリー・シャーの議会砲撃による反革命クーデター実施までの第一次立憲制期、その後〇九年七月一五日の立憲派によるテヘラン解放までの小専制期、一一年一一月二四日の政府による第二議会解散までの第二次立憲制期、そしてその後の英露による革命勢力への弾圧・英露二重支配成立期の五段階に区分することが可能であるが、ここでは立憲革命自体の考察を主目的としていないことから、本文に示したように三段階に区分した。上記詳細については、吉村慎太郎「イラン立憲革命(一九〇五~一一年)の終焉」(田中忠治先生退官記念論文集刊行委員会編『地域学を求めて――田中忠治先生退官記念論文集』、一九九四年)、四三五-四九二頁を参照。

5 Cyrus Ghani, *Iran and the Rise of Reza Shah: From Qajar Collapse to Pahlavi Power*, I.B. Tauris, London, 1998,p. 8; H. Katouzian, The Political Economy of Modern Iran, Macmillan and New York University Press, London and New York, 1981, p. 59.

6 アフガニスタンとチベットに対する政策合意を内容とした英露協商については、J.C. Hurewitz, *Diplomacy in the Near and Middle East*, vol.1(1553-1914), Van Nostrand Company, New York, 1956, pp.265-267.

7 J.M. Balfour, *Recent Happenings in Persia*, William Blackwood and Sons, Edinburgh and London, 1922, p. 23.

8 L.P. Elwell-Sutton, *Persian Oil: A Study in Power Politics*, Greenwood Press, Westport, 1975, pp. 22-23.

9 Harold Nicolson, *Curzon: the Last Phase, 1919-1925, A Study in Post-War Diplomacy*, Constable, London, 1934, p. 121.

10 一九二一年クーデターによるレザー・シャーの台頭と独裁政権時代の諸政策については、吉村慎太郎『レザー・シャー独裁と国際関係――転換期イランの政治史的研究』(広島大学出版会、二〇〇七年)他、英文での代表的研究として、Ghani, *op.cit*; Mohammad Gholi Majd, *Great Britain & Reza Shah, Plunder of Iran, 1921-1941*, University Press of Florida, Gainsville, 2001; Donald N. Wilber, *Riza Shah Pahlavi: The Resurrection and Reconstruction of Iran, 1878-1944*, Exposition Press, New York, 1975.

11 Sir Clarmont Skrine, *World War in Iran*, Constable and Co. Ltd., London, 1962, p. 227.

12 喜田邦彦「もう一つの冷戦の起源——米国の『対ソ戦争計画』の視点から」（『戦略史研究年報』防衛研究所、第一号、一九九八年三月）、三七－三九頁。

13 Homa Katouzian, Oil Boycott and Political Economy: Musaddiq and the Strategy of Non-oil Economy in James A. Bill and WM. Roger Louis (eds.), *Musaddiq, Iranian Nationalism, and Oil*, University of Texas Press, Austin, 1988, p.204; Farhad Diba, *Mohammad Mosaddegh: A Political Biography*, Croom Helm, London, 1986, p. 84.

14 Kermit Roosevelt, *Countercoup: The Struggle for the Control of Iran*, McGraw-Hill Paperbacks, New York,1981, p. 166.

15 Mohammad Reza Shah Pahlavi, *Mission for My Country*, Hutchinson, London, 1961, p. 125.

16 吉村慎太郎『イラン現代史—従属と抵抗の一〇〇年—』（有志舎、二〇一一年）、一四八－一五六。

17 Ali M. Ansari, The Myth of the White Revolution: Mohammad Reza Shah, 'Modernization' and the Consolidation of Power, *Middle Eastern Studies*, Vol.37, No.3, July 2001, Frank Cass, London, p.9.

18 Michael A. Ledeen and William H. Lewis, Carter and Fall of the Shah: The Inside Story, *The Washington Quarterly,* Spring 1980, pp. 3-40.

19 Rouhollah K. Ramazani, *The Foreign Policy of Iran, 1500-1941: A Developing Nation in World Affairs*, University Press of Virginia, Charlottesville, 1966, p. 172.

20 Sahife-ye Imam Khomeini, jeld-e avval, p.420 (http://farsi.rouhollah.ir/library/ sahifeh?volume =1&tid=248).

21 Maziar Behrooz, Trends in the Foreign Policy of the Islamic Republic, 1979-1988, in Nikki R. Keddie & Mark J. Gasiorowski (eds), *Neither East nor West: Iran, the Soviet Union, and the United States,* Yale University Press, New Haven and London, 1990, p. 15.

22 吉村慎太郎「イラン・イラク戦争」（森利一編著『現代アジアの戦争——その原因と特質』啓文社、一九九三年）、二八九－三〇〇。

23 「イラン・リビア制裁法」に名を残す上院議員アルフォンセ・ダマトをはじめ、親イスラエルの議員や政治家、そしてシオニスト・ロビーとイランに対するアメリカの政策との関係については、以下参照。Sasan Fayazmaneh, *The United States and Iran: Sanctions, Wars, and the Policy of Dual Containment*, Routledge, London and New York, 2008, pp.49-50, 73-78; Donette Murray, *U.S. Foreign Policy and Iran: American-Iranian Relations since the Islamic Revolution,* Routledge, London and New York, 2010, pp. 93-107.

24 Mehdi Moslem, *Factional Politics in Post-Khomeini Iran*, Syracuse University Press, Syracuse, 2002, p. 254.

25 イラン核問題発生の背景、その国際問題化するプロセス、さらに広く中東の戦争と核問題（イスラエルの核問題を含む）について、以下参照。吉村慎太郎「イラン『核開発』疑惑の背景と展開──冷徹な現実の諸相を見据えて」（高橋伸夫編『アジアの「核」と私たち──フクシマを見つめながら』慶應義塾大学東アジア研究所、二〇一四年）、二〇一－二二九。吉村慎太郎「中東の核問題と紛争」（吉川元・水本和実編『なぜ核はなくならないのかⅡ──「核なき世界」への視座と展望』、法律文化社、二〇一六年）、一一五－一二九。

26 下馬評にもあがることのなかった前テヘラン市長アフマディーネジャードとラフサンジャーニー元大統領との決選投票も含めた二〇〇五年大統領選挙については、吉村慎太郎「第九回イラン大統領選挙の諸相──予想と実相の乖離に寄せて」（同志社大学二一世紀COEプログラム『一神教の学際的研究──文明の共存と安全保障の観点から』（二〇〇五年度研究成果報告書）、同志社大学一神教学際研究センター、二〇〇六年）、四五四－四六六。

27 Mark N. Karz, Iran and Russia, in Thomas Juneau and Sam Razavi, *Iranian Foreign Policy since 2001*, Routledge, London and New York, 2013, p. 167.

28 *Ibid.*, pp. 169-177.

29 John W. Garver, *China & Iran: Ancient Partners in a Post-Imperial World*, University of Washington Press, Seattle and London, 2006, pp. 174-175.

30 Manochehr Dorraj and James English, Iran-China Relations and the Emerging Political Map, in Juneau and Razavi, *op.cit.*, p.183.

31 核問題を含め、大統領選挙期間中に明らかともなるロウハーニーの国内外の問題に関する姿勢については、吉村慎太郎「ハサン・ロウハーニーと二〇一三年大統領選挙」（アジア社会文化研究会編『アジア社会文化研究』第一五号、二〇一四年三月）、八－一一。

32 イラン革命、ホメイニー思想との関わりについては、吉村慎太郎「『イスラム原理主義』の再検討──イランの宗教的・歴史的特性と『ホメイニズム』に寄せて」（『専修大学人文科学研究所月報』第二〇〇号、二〇〇二年三月）、一四－二〇。

33 E・サイードの「オリエンタリズム」批判とも重なり、中東が「帝国主義」によって形成されたことを前提に、ここにみられる多様な対立の「外来性」と言説に考察を加えた研究としては以下参照。Fred Halliday, *Islam & The Myth of Confrontation: Religion and Politics in the Middle East*, I.B. Tauris, London and New York, 1996.

第Ⅱ章 国境を越える紐帯の輪
——革命防衛隊第九旅団バドルからバドル機構へ

松永 泰行

問題の所在

二〇一五年七月一四日、イラクのバグダード市内で、ある「国葬」が執り行われた。報道映像と写真を見る限り、参列者は数百名程度とやや少なめであるが、納棺された遺体を運ぶ車が二転三転した後、実際に葬列が動き出したときには、遺影を掲げた儀仗警官に先導され行進する警察音楽隊は、赤白黒のイラク国旗、白と緑のバドル組織（Munadhdhamat Badr）旗、赤の対「イスラーム国」人民動員隊（al-Hashd al-Sha'bi）旗という三種の旗を掲げていた。その後に続く大型の警察車両の荷台に結びつけられた柩のすぐ後ろには、黄色の「カターイブ・サイイドゥ・シュハダー」旗を掲げた迷彩服を着た民兵が並び、その後を徒歩で追う葬列の中には、二〇一二年三月に分離するまで長らくバドル組織の上部組織であったイラク・

イスラーム最高評議会のアンマール・ハキーム議長、かつて「バドル軍」の司令官を務め、現在は自らのジハード組織（カターイブ・サイイドゥ・シュハダー Kata'ib Sayyid al-Shuhada'）を率い、人民動員隊の司令官代理（あるいは作戦司令官）ともいわれるアブー・マフディー・ムハンディス、またバハーゥ・アアラジー（当時副首相、サドル派国会議員）も含まれていた。[1] だが、その中心を占めていたのは、何といっても、その両脇をハーディー・アーミリー前運輸相（バドル組織指導者）とカースィム・アアラジー議員（当時国会バドル会派会長）に挟まれて歩むヌーリー・マーリキー前首相（当時副大統領）であった。[2] 四種の旗が掲げられているのもそうであるが、本当の国葬であれば参列していてしかるべき首相と国防相や国軍幹部の姿が見られなかったのも、内部対立が目立つイラク政府の現状を物語るものであった。[3]

埋葬されたのは、シーア派「政党」（兼民兵組織）バドル組織第一〇旅団長のアブー・ムンタダル・ムハンマダーウィー Abu Muntadhar al-Muhammadawi 司令官であった。ムハンマダーウィーは、その前日にイラク政府が開始を宣言したアンバール県ファッルージャ解放作戦を、人民動員隊の現地作戦司令官として指揮していた。ファッルージャ郊外のサクラウィーヤでの作戦開始直後に負傷しながら現場に留まり指揮を続け、「殉教」するにいたったという。彼とともに、アブー・ハビーブ・サキーニー（バドル組織第四旅団長）およびアブー・サルハーン・サビーハウィー（第四旅団作戦司令官）も戦死している。[4] つまり、シーア派民兵と義勇兵を中心とするイラク政府の対「イスラーム国」掃討作戦が、聖廟都市サーマッラー防衛およびティクリート解放などバクダード北部のサラーハッディーン県で一定の成功を収めた後、二ヵ月半の準備期間を経て、シーア派民兵が中心の人民動員隊にとっては鬼門ともいえるアンバール県における失地回復と対「イスラーム国」掃討作戦に（正式に）乗り出した初日に、その現地司令官が二人の副官と共に戦死するという暗黒の幕開けとなったことを意味していた。

その初七日に当たる七月二一日、今度は隣国イランで、イラク難民が多数住むテヘラン市南部（シャフル・レイ）のドウラトアーバード地区にある「真のカーゼメイニーたち」と名づけられたホセイニエ（儀礼堂）において、ムハンマダーウィー司令官を追悼する会が開催された。表に掲げられた垂れ幕の下に並んでいるロゴから判断するに、ゴドゥス軍（Niru-ye Qods）、イスラーム革命殉教者財団[5]、バドル軍[6]、そしてイスラーム革命防衛隊の四者の共催であった[7]。中で弔問を受けていたのは、イラクから訪れ参列した故人の一五歳の長男と（故人の）弟、さらに、一緒に負傷したのか、大型絆創膏や石膏のギブスを右目と右腕につけている親族、そして故人の息子の隣に立つゴドゥス軍司令官のガーセム・ソレイマーニー Qasem Soleimani 少将であった。遅れて参列し、故人の長男の脇に並び始めた顔ぶれには、イラン・イラク戦争末期にバドル軍司令官を務めたモハンマドレザー・ナグディー Mohammad-Reza Naqdi 革命防衛隊准将（当時「被抑圧者バスィージ組織」長）、バドル組織と並び人民動員隊の一翼を占めるイラクのシーア派民兵組織「アサーイブ・アフル・ル・ハック」幹部のカイス・ハズアリーとムハンマド・タバータバーイーが見られた。一般参列者には、着任後間もない駐イラン・イラク大使、近所のイラク人たち、さらにアフマディーネジャード前大統領が含まれていた。しかし何より目立ったのは、現在のゴドゥス軍の原型であるイラン・イラク戦争中のラマザーン駐屯地（Qarargah-e Ramazan）司令官であったモハンマドバーゲル・ゾルガドル准将、シャフル・レイに駐屯する革命防衛隊セイエドッ・ショハダー師団長アリー・ナスィーリー准将、ホセイン・アシュタリー治安維持軍司令官を含む複数の革命防衛隊古参幹部の参列であった[8]。

戦死したこのムハンマダーウィー司令官は、一九六七年にイランとの国境沿いのイラク南部のマイサーン県に生まれ、一九八〇年九月にイラクがイラン側に攻め込みイラン・イラク戦争が始まると、一五歳で家族とイランに移住（亡命）し対イラク軍抗戦に従事し始め、一八歳になった一九八四年にバドル軍（正確にはその前身組織）に入隊したとされる。バドル軍は、イラン・イラク戦争中は革命防衛隊の一部、すなわちイラン側の戦力として参戦していたが、ムハンマダーウィーは一九八五年にバドル軍のイラク人幹部の故アブー・ムハンマド・タイイブからティグリス川東岸でイラン・イラク国境上に位置するハウィーザ湿地帯の偵察部隊に抜擢されたという。同年一〇月にバドル軍が単独で遂行したアーシューラー第四作戦では、イラク側マイサーン県アマーラ近郊の湿地帯の偵察部隊の隊長として活躍した。イラン・イラク戦争後も、レバノンにおいて戦車部隊の司令官として実戦経験を積むなどして、二〇〇三年のイラク戦争を迎えたという。バアス党政権崩壊直後にバドル軍の一部としてイラクに戻り、その後駐留米軍が二〇〇四年八月にマハディー軍との戦闘（においてナジャフの聖域を侵害し占領軍的振る舞いを強めたとみられ始めた）後、二〇一一年一二月に駐留米軍が撤退するまで数々の対「占領軍」ジハード活動に直接司令官として携わったという（ただしこの詳細は不明）。二〇一二年夏にシリア内戦がダマスカス郊外のザイナブ廟を脅かす事態になると、在ナジャフ・シーア派最高位法学者スィースターニーの呼びかけに応え、シリアで聖廟防衛に従事した。二〇一四年六月に「イスラーム国」（当時は「イラクとシャームのイスラーム国」）がモースルを陥落させるとただちにイラクに戻り、二人のシーア派イマームの聖廟があるサーマッラーの防衛とティクリート解放作戦で現地司令官を務めた。二〇年前の一九九五年頃結婚し、「殉教」時には数え年四九歳（すなわちバドル軍在籍三一年の古参司令官）であり、一五歳の長男、一三歳の長女、五歳の次女、三歳の次男の四子の父であった[9]。

この戦死したバドル軍司令官のバグダードでの葬儀とテヘランでの追悼会の模様、さらに本人の経歴から、次の疑問がわく。まず、バドル軍の司令官がイラクで戦死しているのに、なぜ初七日の追悼会がイランの首都テヘランで、イラク側の親族も参加して開催されたのか。次に、バドル軍とイランの革命防衛隊の関係が密接であったとしても、とりわけそれが、バドル軍がイラクに帰還して一二年も経っていた二〇一五年当時でもそうであったのはなぜか[10]。さらにこれらの問いは、そもそもなぜ革命防衛隊が、二〇一四年以降、イラクにおいて対「イスラーム国」戦争の（側面）支援をしてきているのかという根本的な問いに関わるともいえる[11]。本章では、イラン内外で出版・報道されているペルシア語資料（イランの新聞・雑誌のイラク人関係者とのインタビューを含む）に中心的に依拠し、これら三つの問いに答えることを試みる。本論の意図は、軍事組織としての革命防衛隊の研究、あるいはイランのイスラーム革命体制における同隊の役割の研究にあるのではなく、バドル軍の創設とその（革命防衛隊との関係を含む）立ち位置の変遷の分析を通じて、イランのイスラーム革命がその構築を可能にした（幾重もの）紐帯の輪がいかに国境を越える潜在性をもっていたかを、興味深い実例を手がかりに浮き彫りにすることにある。結論の一部を先取りして述べると、今日見られるイランの革命防衛隊によるイラク・シーア派諸民兵組織への支援は、一九七九年のイラン・イスラーム革命後に降りかかってきた（イラン政府の用語では「強いられた」）イラクとの戦争中に、革命防衛隊（司令部）、現在のゴドゥス軍の前身であり当時革命防衛隊の国境外の諜報・秘密工作司令部であったラマザーン駐屯地、そしてイラク人ムジャーヒディーン（ジハード従事者）を革命防衛隊が組織化したものとしてのバドル軍の三者が、お互いを必要としながら関係を深めていった経緯を踏まえずに説明できるものではない。

1 バドル軍と革命防衛隊の関係

かつてのバドル軍の軍旗に、(現在のバドル組織のものとは異なる、イランの革命防衛隊の意匠を左右反転し台に載せたものが付き)アラビア語で「バドル軍一九八二―一四〇三、独立、自由、イスラーム国家」(Faylaq Badr 1982-1403h - istiqlal, hurriyah, hukumat islamiyyah)と書き添えてあるものがある。これによると、バドル軍の成立年はヒジュラ暦一四〇三年(西暦一九八二年一〇月～一九八三年一〇月)のようにみえるが、実はバドル軍の創設時期やその起源については異なる言説が流布している。異論の背景は、誰がそもそも創設の発案者であるか、それが亡命イラク人なのか、イランの革命防衛隊なのか、という立場の違いに由来する意見の相違を反映している。そのうち、イラン側の資料としては最も信憑性が高いイランの革命防衛隊関係者の発言や殉教者・退役軍人財団が出版している雑誌『シャーヘデ・ヤーラーン』の叙述やインタビューによると、この軍事組織がそもそもバドル軍(ペルシア語での通称はSepah-e Badr、アラビア語のFaylaq Badrに相当)と命名されるもとになったのは、イラン・イラク戦争中のイラン側のバドル作戦(一九八五年三月一〇～一七日)において、この亡命イラク人志願兵から構成される旅団(ペルシア語ではtip、アラビア語のliwa'に相当する)が初めて単一の司令官の下に集結し、独立の単位として作戦行動に参加したことにあるという。したがって命名はこの作戦後のことであるが、当時ついた新たな名称が「第九旅団バドル」(Tip-e Noh-e Badr)であった。

司令官は、イラン南西部フーゼスターン州ベフバハーン生まれ、同州アーガージェリー育ちの革命防衛隊員エスマーイール・ダガーエギー Esma'il Daqayeqi であった。ダガーエギーは、後のバドル軍司令官となる亡命イラク人のアブー・マフディー・ムハンディスやハーディー・アーミリーと同じ一九五四年生まれで、アフヴァーズの国営石油会社付属高校在学中に、同じ歳で後に（イラン・イラク戦争勃発後に）革命防衛隊総司令官になる同社付属工業高校在学中のモフセン・レザーイーと知り合い、ともに革命運動に参加したとされる。一九七四年にレザーイーとともに逮捕投獄されている。一九七九年二月の革命時にはダガーエギーはテヘラン大学教育学部に在学中であったが、学業を断念し同年夏に故郷のフーゼスターン州に戻り、故郷での革命防衛隊の立ち上げに関わっていた。イラクがそのフーゼスターン州に攻め込みイラン・イラク戦争が始まると、アフヴァーズ第九二機甲師団の「戦争司令部」に革命防衛隊の代表として参加するものの、一九八二年春から一九八三年にかけて前線から離れた場所で防衛隊の任務についていた。しかし一九八三年に、革命の指導者ホメイニー師の布告をきっかけに前線に戻ることを決め、一九八四年二月下旬のヘイバル作戦に前線の司令官の一人として参加した。彼が、レザーイー革命防衛隊総司令官の意向を受け、亡命イラク人志願兵（イラン側の資料の呼称によるとイラク人ムジャーヒディーン）からなる旅団の司令官になったのは、その直後のことであり、一九八四年の春先であったという。最初の実戦配備となった一九八五年三月のバドル作戦で、この旅団はハウィーザ湿地帯のトゥラーバ地区を解放したとされる。ダガーエギーはその後、一九八七年一月にバスラ解放を目指したカルバラー第五作戦遂行中に前線で戦死するまでの一年一〇カ月の間に、六つの作戦で前線指揮を執り、亡命および「解放された」イラク人からなるこの組織を旅団から師団（第九師団バドル）へと育て上げたという[12]。

さてアメリカによる対イラク戦争の直前の二〇〇二年に現在のハーディー・アーミリーと交代するまで

イラク・イスラーム革命最高評議会中央委員およびバドル軍の司令官を務めていたアブー・マフディー・ムハンディスなど、一九八四年当時のダガーエギー司令官の側近らの証言によると、第九旅団バドル結成の背景には次のような展開があった。まず一九七〇年代を通じ、構成員の数や組織化の程度の点においてイラク国内で最も成功していたイスラーム復興主義運動はダアワ党であったが、同党はとりわけ大学生の間で幅広い構成員を獲得していたという。一九七九年二月にイランでイスラーム革命が成就すると、ダアワ党員を始めイラクのシーア派国民はイランにおけるイスラーム革命への支持を表明したという。一九七九年春以降、イラク国内でもイスラーム革命運動が拡大する気配をみせると、イラクのバアス党国家内で強硬派のサッダーム・フセイン（当時副大統領）が権力を掌握し、ダアワ党およびシーア派イスラーム革命運動の大弾圧に乗り出した。その結果、構成員全体の九割ともいわれるほど大多数のダアワ党員およびイラク国内におけるイスラーム革命運動の指導者アーヤトゥッラー・ムハンマド・バーキル・サドルが逮捕・処刑された。それを受けて、地下に潜った残りのダアワ党員はシリア、クウェート、イランなどに逃亡し、またバアス党国家の弾圧の対象となったイラク南部湿地帯のシーア派部族民もイランへ移住（避難）してきた。一九八〇年九月にイラク軍がイランへ攻め込むと、これらの移動は一九八一年にピークを迎え、イラン国内のイラク人避難民・亡命者は全体として二万人規模になった。彼らの落ち着き先は、テヘラン、ゴムを除くと、イラク国境沿いで戦場ともなった南部のフーゼスターン州、西部のイーラーム州とケルマーンシャー州に集中していたという。

イランの革命体制は当初、これらのイラク人に含まれているシーア派およびクルド系の政治活動家と、イラク国内の情報収集の目的でコンタクトをとっていた。シーア派アラブ避難民を多数受け入れた南部のフーゼスターン州では、アフヴァーズ西部にあった革命防衛隊のファジュル駐屯地でその情報収集を行っていた。イラクにおけるイスラーム革命運動の弾圧後、イランへ逃れてきていたシーア派のムジャーヒディーンたちは、当初、ダアワ党、アマル（イスラーム行動組織）、ムハンマド・バーキル・ハキームがイランで新たに組織した「ムジャーヒディーン運動」（Harakat al-Mujahidin）などに分断されていたため[13]、それぞれの運動体の構成員の若者が対「バアス党体制」戦争へ志願兵として参戦する際にも、各地のイランの革命防衛隊の部隊に三々五々参加するに留まっていた。その後、戦況が展開し、イラン側がイラク軍に占領されていたホッラムシャフルを解放した一九八二年五月以降、イラク領土への進攻を念頭にこれらのイラク人志願兵を組織化する呼びかけがホメイニー師よりなされた。その実現のための最初の試みとして一九八三年三月から四月にかけて、フーゼスターン州アフヴァーズで亡命イラク人志願兵の軍事訓練が行われた。この訓練がムハンマド・バーキル・サドル殉教の命日に合わせて行われ、軍事訓練が行われた場所がシャヒード・サドル駐屯地（革命防衛隊側の名称はシャヒード・ガイユール・アスリー駐屯地）と名づけられたことからも分かるとおり、この訓練を組織したのはダアワ党の軍事部門（おそらくアブー・ザイナブ・ハーリスィー）であった。イラク人の元幹部がバドル軍の創設にはダアワ党軍事部門が関わっていたという場合には、この軍事訓練のことを指していると思われる（ハーリスィーはその後イランの革命体制と犬猿の仲になったのか、ムハンディスが言及するのみで、革命防衛隊関係の文献には全く登場しない）[14]。

本章の文脈で興味深いのは、この軍事訓練がアフヴァーズ西部にあった革命防衛隊ファジュル駐屯地の指導の下で組織されたことである。このことは、フーゼスターン州の革命防衛隊の諜報部門の一部であったファジュル駐屯地が、一九八三年を境に亡命イラク人ムジャーヒディーンの軍事訓練と組織化に乗り出したことを意味していた。後述するとおり、ファジュル駐屯地は、現在のゴドゥス軍の原型となる国境外の諜報活動と秘密工作を担当するラマザーン駐屯地が一九八五年三月にイラク北部のクルド地域に近い西部州のケルマーンシャーに設立された際に、その傘下の四つの駐屯地の一つに位置づけられることになる。[15]

さて、一九八三年春にこの訓練を経て組織された亡命イラク人部隊は、「シャヒード・サドル部隊」(Gordun-e Shahid Sadr)と命名された。その後、同年中にさらに二つの亡命イラク人志願兵の部隊(「シャヒード・ベヘシュティー部隊」「イマーム・ムーサー・カーゼム部隊」)が生まれ、この駐屯地で訓練を受けた部隊は三つとなった。その後、一九八四年春にダガーエギーがこの駐屯地の司令官に任命され、それぞれ反目し合っていたこれら三つの部隊を、その指導の下でイスラームとホメイニー師への忠誠という共通要素を通じて一体化を図ったという。翌年のバドル作戦に参加した際には、このダガーエギーが率いる新たなイラク人ムジャーヒディーンから成る旅団は、一九八二年にホッラムシャフル解放を実現した革命防衛隊の第二七師団モハンマド・ラスーロッラーに属する「イマーム・サーデク部隊」という名で戦った。バドル作戦後、ダガーエギー司令官はさらに、イラク南部湿地帯の部族民から構成されていた「アンサール・ル・フサイン部隊」をも統合させ、旅団名を上述のとおり「第九旅団バドル」と改名した。

当時この旅団のイラク人幹部であったムハンディスなどによると、ダガーエギーはこの旅団をイラクにおけるイスラーム革命の前衛部隊であると位置づけ、副官を全てムハンディスなどイラク人ムジャーヒディーンから任命していた。彼は、イラクのバアス党体制が転覆された暁にはイラクの新国家の「イスラーム革命防衛隊」となる旅団であるとして、誠心誠意、第九旅団バドルの軍隊としての組織化を進め、その姿勢からイラク人ムジャーヒディーンたちの絶大なる信頼を獲得していたという。ムハンディスは後年インタビューで、バドル軍はイランにおいて組織化されたためイラン人の革命防衛隊員が司令官を務めていたと説明する一方で、彼自身のように大学卒の元ダアワ党員から、湿地帯の漁民であった部族出身者や、さらにシーア派ですらないクルド系イラク人など雑多な文化的・社会階層的な亡命イラク人の寄せ集めの部隊を、ゼロから訓練・指導し、専門職的な軍事組織に育て上げたダガーエギーらイランの革命防衛隊司令官の貢献については正当に評価している[16]。

これらの経緯から分かることは、少なくともイラン・イラク戦争当時は、第九旅団（師団）バドルは、革命作戦指令系統的には完全にイランの革命防衛隊のユニットであったということである。これに関し、革命防衛隊は、イラン・イラク戦争は領域主権国家間の領土などをめぐる「地理的な」戦争ではなく、イスラーム革命体制と反イスラーム革命のバアス党体制との間のイデオロギー的戦争であったため、亡命イラク人ムジャーヒディーンがイランの革命防衛隊の一部としてバアス党体制の軍隊と戦うのは全く問題なかったとしている。裏返すと、この時点では、第九旅団（師団）バドルと、（バドル軍が新イラク国家の「革命防衛隊」との想定だったとすれば、いわば「待機中の政府」であった）ムハンマド・バーキル・ハキームが率いる「イラク・イスラーム革命最高評議会」の関係は、政治的・象徴的なものに留まっていたといえる。その一方で、革命防衛隊のそれぞれの旅団がイラン国内の同じ州の出身者から構成されていたのとは異なり、第九旅団（師団）バドルは全て亡命（および一九八六年以降はイラク軍逃亡兵ほか「解放された」）イラク人から構成されているという特異性をもち、また作戦内容もイラク国内に潜入して行う偵察やバアス党体制の転覆につながる工作など、当初より明らかな違いが存在していた。この後者の役割において、第九旅団（師団）バドルと密接な関係をもたされたのが、上述のとおり現在のゴドゥス軍の原型であるラマザーン駐屯地であった。その創設に関わった一人が、ダガーエギーと同様、革命後にフーゼスターン州の革命防衛隊の創設者の一人で、一九八三年に亡命イラク人ムジャーヒディーンの軍事訓練を始めたときには、アフヴァーズのファジュル駐屯地で諜報担当を務めていたハミード・タガヴィー Hamid Taqavi であった。この関係もあり、ラマザーン駐屯地創設後、アフヴァーズに駐屯していた第九旅団バドルの一部が、イラク北部における秘密工作作戦に従事するため、同駐屯地に配属替えになったといわれる。[17]

当時ラマザーン駐屯地の諜報部門の幹部であったモハンマドアリー・ラフマーニー准将によると、当初は国境外の情勢に関する革命防衛隊の諜報部門の一部として存在していたラマザーン駐屯地が、イラクとの南北に走る国境線全ての反対側において秘密工作を行う任務を負うことになったのは、一九八五年に（イラン・イラク戦争停戦後に革命防衛隊統合本部長と総司令官代理をそれぞれ八年ずつ務めることになる）モハンマドバーゲル・ゾルガドル准将が同駐屯地の司令官に任命されてからだという。そこでの役割分担は、ラマザーン駐屯地が秘密工作の立案準備を、それを第九旅団（師団）バドルがイラク国内で実施するというものであったことからも分かるとおり、このラマザーン駐屯地のミッション（ひいては現在のゴドゥス軍のミッション）は、論理的にも、イラク人ムジャーヒディーンから構成された第九旅団（師団）バドルの存在を前提にしたものであった。[18] イラン・イラク戦争中に、新設されたばかりのレバノンのヒズブッラーが、革命防衛隊による第九旅団（師団）バドルの組織化を視察するために訪れたと、当時のイラン人司令官が後に誇らしげに語っているとおり、革命防衛隊の視点からすると、第九旅団（師団）バドルの存在は、たんなる「聖なる防衛」の道具ではなく、各国のムジャーヒディーンを組織することによる「イスラーム革命の輸出」の模範例と考えられていたともいえる。[19]

2 湾岸戦争期の自立、イラク戦争後を経て、対「イスラーム国」防衛で再び？

一九八七年一月にダガーエギー司令官が戦死すると、テヘラン出身で、西アーゼルバーイジャーン州にあるハムゼ・セイエドッ・ショハダー駐屯地の設立に携わり、西部戦線で諜報活動に関わっていた、モハンマドレザー・ナグディーが第九師団バドルの司令官に任命された。ナグディーはラマザーン駐屯地のゾルガドル司令官と連携し、イラン・イラク戦争末期のイラク領内における第九師団バドルの秘密工作活動（たとえば一九八七年一〇月のキルクーク近郊でのザファル第二作戦など）を指揮した。ナグディーは、イラン・イラク戦争停戦後さらに一年間この任務を務め、一九八九年にモルテザー・ゴルバーニー Morteza Qorbani 准将（一九八六年二月のヴァルファジュル第八作戦における第二五特別師団カルバラーの指揮官）に司令官の地位を引き継いだとされる。[20] その後バドル軍は、まだイラン国内に留まっていたものの、一九九一年一月の対イラク湾岸戦争勃発時までに、革命防衛隊の一旅団ではなく、ムハンマド・バーキル・ハキームが率いるイラク・イスラーム革命最高評議会の軍事部門（al-jinah al-ʻaskari）として、イラク人ムジャーヒディーン自らが指揮権をもつ武装組織へと転換していた。バドル軍は、一九九一年の湾岸戦争後のイラク国内の一斉蜂起（インティファーダ）の際には、勢力の半分をイラン国内に温存させ、残りの部隊がイラク国内でインティファーダ側の組織・支援を行ったという。[21] この蜂起は、多国籍軍が黙殺する中、イラク軍の暴力的な鎮圧により失敗に終わるが、このことが軍事組織としてのバドル軍のその後の戦略的思考に与えた影響は看過できない。

さて本章の主題から離れるため、細かい経緯は大幅に省略するが、二〇〇三年三月から四月にかけてのアメリカの対イラク戦争によりバアス党体制が崩壊すると、その直後（四月九日および一〇日）にバドル軍はイラクへ「帰還」を果たした。その際に、上述のタガヴィーら革命防衛隊ゴドゥス軍の司令官がバドル軍とともにイラン・イラク国境を越えてイラク領内へ入ったとされる。[22] ゴドゥス軍は一九九一年に、西部国境外を担当していたラマザーン駐屯地、当初レバノンとアフガニスタンにおける同様の活動を任務としていたビラール駐屯地（Qargah-e Bilal）、さらにマシュハドに設置され東部国境外の活動を担当していたアンサール駐屯地の三つが統合されて、できたものだという。初代のゴドゥス軍司令官には、イラン・イラク戦争中にレザーイー革命防衛隊総司令官の腹心の諜報担当を務め、後にアフマディーネジャード政権期に国防次官、国防大臣を務めるアフマド・ヴァヒーディー Ahmad Vahidi 准将が任命された。その後、一九八一年より総司令官であったレザーイーに代わり、一九九七年秋にヤフヤー・ラヒームサファヴィー Yahya Rahim-Safavi が革命防衛隊総司令官に任命された後、現在のガーセム・ソレイマーニーが第二番目のゴドゥス軍司令官に任命された。ソレイマーニーは、イラン・イラク戦争中は第四一師団サーロッラーの司令官を務め、停戦後は故郷のケルマーン州に戻り、同州の革命防衛隊司令官として、アフガニスタン・パキスタン国境沿いのスィースターン・バルーチスターン州からケルマーン州へ入ってくる麻薬取り締まりの任を務めていた。すなわち、ソレイマーニーはゴドゥス軍司令官に任命されるまで、イラン国境外の諜報活動にも秘密工作活動にも全く関与していなかった。しかし、彼の任期中に二〇〇一年一〇月から一一月のアフガニスタン空爆でターリバーン政権が崩壊、二〇〇三年にイラク戦争でバアス党体制が崩壊し、さらに二〇〇六年にはヒズブッラーとイスラエル間のレバノン戦争が勃発するなど、ゴドゥス軍が深く関与する展開をつくる地域情勢が続発した。その結果、まめに自ら顔を出す徹底した現場主義を貫くその才覚と貢献が認められ、極めて異例ながら、二〇一一年一月にソレイマーニーは革命防衛隊総司令官と同じランクの少将（Sarlashkar-e Pasdar）に昇格している。

結語

二〇〇三年の米軍の侵攻によるイラクのバアス党体制崩壊後のイラク国内情勢、とりわけ二〇一四年六月のモースル陥落後の情勢は、革命防衛隊とバドル軍の関係を振り返った本章の議論の文脈からみると、さまざまな意味で大変興味深い。まず、イラク国軍と並んで組織された人民動員隊が今日置かれている状況は、組織されたばかりで革命直後に西部州でクルド人の武装蜂起を鎮圧したことを除き実戦経験をもっていなかったイランの革命防衛隊が、イランの正規軍と並んで一九八〇年九月にイラクによる侵攻で国土防衛・失地奪回を図らねばならなかった状況によく似ている。たとえば、現ゴドゥス軍司令官のソレイマーニーは、一九五六年（あるいは一九五七年）生まれであるが、家庭の困窮で小学校しか出ておらず、一九七九年の革命時までは建築現場やケルマーン州の水道局の下請けの仕事などをしていたとされる。革命後に、一転して、ケルマーン州で革命防衛隊に志願し、約一カ月半の軍事訓練を受け西アーゼルバーイジャーン州のクルド反乱運動鎮圧に送られたという。[23] この状況は、モースル陥落後にシーア派志願兵が短期の軍事訓練を受け、対「イスラーム国」人民動員隊として前線へ送られた状況にきわめて似ている。またバドル組織が内務省を管轄し、イラク国軍とシーア派民兵組織が平行して対「イスラーム国」戦争を遂行している状況も、イラン・イラク戦争初期に、イスラーム革命委員会が国内の治安維持にあたり、正規軍と革命防衛隊がお互いに対立しながら、対イラク戦争に従事せざるをえなかった状況と同じ構造的問題を露呈させている。マーリキー前首相は二〇一五年八月のイラン訪問時に、人民動員隊をイランの「バスィージ抵抗軍」に倣って創設したと語っているが、警察予備隊に近い役割を主に果たすバスィージよりも、イラン・イラク戦争勃発時の革命防衛隊の方が、内実はより近いといえる。[24]

このような状況の下で、イラン・イラク戦争勃発時を知る古参の革命防衛隊幹部が、モースル陥落後のイラク情勢を見て、再び血が騒ぐ思いに駆られているのは想像に難くない。たとえば上述のゴルバーニー准将は、二〇一四年九月のインタビューで、「自分はバドル軍司令官であった。イラク国内のことはよく知っている。ハーメネイー最高指導者が命じるならば、五〇〇名の志願兵とともに「イスラーム国」を二カ月でイラクから駆逐してみせる」と豪語している。[25] その意味では、一九八三年にアフヴァーズのファジュル駐屯地の司令官の一人として、亡命イラク人ムジャーヒディーンの訓練に関わり、一九八五年からケルマーンシャーのラマザーン駐屯地所属の作戦司令官の一人として第九師団バドルのイラク国内工作活動に関与し、バアス党体制崩壊後は二〇〇三年四月九日にはバドル軍の帰還に同行してイラクに入り、革命防衛隊ゴドゥス軍の中で随一のイラク通として米軍駐留期のイラクにおいてもシーア派民兵組織の組織にあたっていたタガヴィー准将が、二〇一四年六月のモースル陥落以降に（再びイラク領内で）サーマッラー防衛作戦に軍事顧問として関わっていたことは、驚きではない。五五歳のタガヴィーが、二〇一四年一二月二七日に「イスラーム国」の狙撃兵の手によりサーマッラーで戦死すると、シリア内戦、「イスラーム」国関係で「殉教」した中では（その時点で）最も「名高い」革命防衛隊関係者であったこともあり、テヘランの革命防衛隊司令本部での納棺・葬儀と、翌日故郷のアフヴァーズで行われた葬儀・埋葬には、ソレイマーニー・ゴドゥス軍司令官はもとより、数々の革命防衛隊の古参幹部司令官が参集した。またテヘランでの初七日の追悼会には、ヴァヒーディー前ゴドゥス軍司令官ら革命防衛隊幹部に加え、イラクからバドル軍司令官ハーディー・アーミリーとイスラーム最高評議会議長アンマール・ハキームも参列した。[26]

振り返って考えると、イランの革命防衛隊自身がイラン・イラク戦争の産物であり、それに前線司令官として関わった古参幹部が、五〇歳代後半から六〇歳代となりながらもいまだに革命防衛隊の幹部である時期に、シリアにおける内戦や「イスラーム国」の猛進の結果、シリアのザイナブ廟やイラクのサーマッラーなどのシーア派聖廟都市、さらに、首都バグダード防衛の急務が現れたことがもっとも興味深い。バドル軍の側も、イラン・イラク戦争停戦後期に、革命防衛隊から分離し、イラク・イスラーム革命最高評議会傘下の軍事組織となり、一九九一年の一斉蜂起の失敗を経験後、二〇〇三年の米国の侵攻によるバアス党体制の崩壊を経て、本国イラクへ帰還し、「バドル組織」と改名するなど、独自の道を歩んでいた。それから一〇年を経て現れた二〇一四年六月のモースル陥落後の危機は、バドル組織やそれから枝分かれしたシーア派民兵組織にとっても、イラク国内の組織として独り立ちしていた一方で、ムハンディスやアーミリーなど（旧バドル軍の前身の）第九旅団バドルの組織時からの幹部が、いまだにそれらの幹部として幅を利かせているときにおこった。そう考えると、現在（本章執筆時）までのところイランの革命防衛隊の関与が、武器弾薬供与と少数のゴドゥス軍司令官らによる「軍事顧問」としての参画・援助に限定されていることは、イラン国家指導部と革命防衛隊が、きわめて冷静かつ最低限度の関与に留めていることを意味し、注目に値する。その意味では、革命防衛隊の対「イスラーム国」作戦関与は、全体としては、あの「聖なる防衛」をもう一度というような、センチメンタルな理由の支援ではないといえる。しかしながら、限定的とはいえ、実際に蘇生された関係性に着目すると、モースル陥落後のイラクにおける情勢は、イラン・イスラーム革命が可能とし、イラン・イラク戦争期に育まれた幾重にもわたる紐帯の輪としてのバドル軍（バドル組織）とイランの革命防衛隊の間のかつての密接な関係を、前線において再興させる側面をもつものであったことが明らかになる。それと同時に、このような国境を越える潜在性を内包した紐帯の輪の生成過程への着目は、イラン・イスラーム革命の落とし子としての（シーア派）ムジャーヒディーン諸組織の骨髄の存在を明らかにしている点で、イラン国外におけるシーア派諸民兵組織の将来を考える際に、イランの革命防衛隊ゴドゥス軍とその前身組織の果たしてきた肝要な役割を考慮に入れる必要があることを思い出させるものでもあった[27]。

（本論は、公益財団法人　中東調査会（編）『中東研究』第五二四号（二〇一五年九月）所収の拙稿「あの『聖なる防衛』をもう一度か？——イラン・イスラーム革命防衛隊のイラクの対『イスラーム国』戦争支援の背景」を改稿したものである。）

註

1　通説では亡命イラク人がイランで結成したイラク・イスラーム革命最高評議会（現在の名称はイラク・イスラーム最高評議会）が、一九八〇年初頭にその軍事部門としてバドル軍（Faylaq Badr）を組織したとされているが、本論はペルシア語・アラビア語資料に基づき、通説には取り込まれていないイランの革命防衛隊の役割に焦点を当てる。バドル軍は、イラク戦争後の二〇〇三年九月、占領当局による民兵組織の解体要求に応え、バドル組織と改名されたが、旅団が存在しているように、軍事機構の側面は実質的に維持されている。

2 "Iraq IS conflict militia funeral," *AFP TV*, Baghdad, Iraq, July 14, 2015; "Badr tuzaffu majmu'ah min abtali-ha ash-shuhada'," *Iraqcenter.net*, July 14, 2015; "Tashyi' al-shahid wa'l-qiyadi fi'l-hashd al-sha'bi Abu Muntadhar al-Muhammadawi," *Abna*, *July* 14, 2015.

3 アバーディー Haydar al-'Abadi 首相は、六週間後の八月二七日に国軍側のアンバール作戦の司令官代理アブーラギーフ 'Abd al-Rahman Abu Raghif 少将が「イスラーム国」の自爆攻撃で戦死した際の葬儀には参列した。"Al-'Abadi yatasad-daru mushayyi'i mu'awin qa'id 'amaliyat al-anbar wa qaid al-firqat al-'ashirah," *Kitabatnews*, August 27, 2015.

4 "Joz'iyyat-e Shahadat-e Abu Montazar al-Mohammadavi," *Rahberey*, July 20, 2015.

5 垂れ幕にはかつてのロゴが出ているが、現在の名称は殉教者・退役軍人財団（Bonyad-e Shahid va Omur-e Ithargaran）である。

6 これも現在のバドル組織のロゴではなく、かつてのバドル軍のロゴが使われていた。

7 ゴドゥス軍は、陸抵抗、海、航空宇宙と並ぶ、四軍編制のイスラーム革命防衛隊の一部であるが、ロゴは別途持っている。機関銃を握り締めた拳を突き上げた意匠は共通であるが、ゴドゥス軍のロゴにはイスラーム革命防衛隊というペルシア語の文字と設立年の一三五七という数字が表記されていない。イラン国境外で非公式に活動する同軍の特徴を表しているといえる。

8 "Marasem-e Bozorgdasht-e Farmandeh-ye 'Amaliyat-e Sepah-e Badr-e 'Eraq Bargozar Shod," *Abna*, July 22, 2015; "Hashiyeh-ye Marasem-e Bozorgdasht-e Farmandeh-ye Sepah-e Badr dar Shahr-e Rey," *Rahberey*, July 21, 2015.

9 "Shahid al-Mohammadavi az Farmandehan-e Sepah-e Badr Kist? Zendeginameh," *Tasnim*, July 21, 2015; "Feraz-o-Neshib-e Bist Sal-e Zendegi-ye Moshtarak ba Farmandeh-ye Shahid-e Sepah-e Badr-e 'Eraq," *Tasnim*, July 22, 2015; "Payam-e Sardar Naqdi beh Farmandeh-ye Sepah-e Badr va Mardom-e 'Eraq," *Fars*, July 23, 2015.

10 本章では直接考察しないが、革命防衛隊のバドル軍への支援が、バドル軍設立の経緯とそれ以来の密接な関係に基づくものであるならば、革命防衛隊はなぜ他の（イラン系ではない）イラクのシーア派民兵組織、具体的には（ムクタダー・サドルの父の）ムハンマド・ムハンマド・サーディク・サドル系で比較的に新参組織のアサーイブ・アフル・ル・ハックをも支援しているのか、という疑問もわく。

11 この最後の問いに関する二〇一四年一一月初旬時点での拙論については、次を参照。松永泰行「シーア派イスラーム革命体制としてのイランの利害と介入の範囲」吉岡明子・山尾大（編）『「イスラーム国」の脅威とイラク』（岩波書店、二〇一四年一一月）pp. 247-265.

12 “Esma‘il-e Daqayeqi az Veladat ta Shahadat,”, “Mojahedin-e ‘Eraqi Shoja‘at Ra Az Esma‘il Amukhtand,” , “Tip-e Qodratmand-e Noh-e Badr ba Tavanmandi-ye Modiriyati-ye Daqayeqi,” and “Sepah-e Badr Mirath-e Javdan-e Shahid-e Esma‘il-e Daqayeqi,” *Shahed-e Yaran*, No. 87, Dey 1391 (January 2013), pp. 4-11, 38-42, 50-54, and 76-82.

13 この名ばかりの組織の設立年もイラン暦で一三六二年（西暦一九八三～一九八四年）とされており、バドル軍旗にある一九八二年が何を指すのかは不明である。

14 *Shahed-e Yaran*, No. 87, pp. 10, 38, 51. ハーリスィーへの言及は、“Abu Mehdi al-Mohandes Kist?” *Rajanews*, March 19, 2015; “al-Mujahid Abu Mahdi al-Muhandis … Muhandis al-Thawrat al-Muqawamah,” *Aletejah*, July 1, 2015.

15 Shahed-e Yaran, No. 87, p. 51.

16 前掲誌 , pp. 38-42, 51, 77-78.

17 前掲誌 , p. 53; “Goftgu ba Hamrazm-e Shahid-e Seyyed-e Hamid-e Taqavi,” *Bubasij*, February 8, 2015; “Shahid-e Taqavi Khatar-nak-tarin Ma’muriyat-ha ra Davtalabaneh Qabul Mi-Kard,”*Behbahan-news*, December 30, 2014.

18 “Yekparchegi-ye ‘Amaliyat-e Nezami Aleiheh-ye Rezhim-e Ba‘th,” *Shahed-e Yaran*, No. 41-42, Farvardin-Ordibehesht 1388 (April 2009), pp. 92-94.

19 *Shahid-e Yaran*, No. 87, p. 52.

20 “Negahi-ye Tafsili beh Karnameh-ye Sardar,” *Rajanews*, October 7, 2009; “‘Shams’-e Jebheh-ha va Farmandeh-ye Abu Montazar Keh Bud?” *Defapress*, July 22, 2015.

21 *Shahid-e Yaran,* No. 41-42, p 95.

22 したがって、別組織になっても、革命防衛隊（とりわけゴドゥス軍）とバドル軍の密接な関係は維持されていたとみられる。その詳細は、今後の解明が必要な部分である。

23 “Zendeginameh: Qasem-e Soleymani (1335-),” *Hamshahrionline*, July 17, 2012; Ali Alfoneh, “Zendeginameh-ye Sardar-e Qasem-e Soleymani,” *AEI.org*, January 24, 2011.

24 “Nuri-ye Maleki dar Goftogu-ye Tafsili ba Abna: Dar Tashkil-e Hashd-e Sha‘bi az Bsij-e Iran Olgu Gereftim,” *Abna*, August 16, 2015.

25 "Sardar-e Qorbani: Da'esh ra az 'Eraq Paksazi mi-Konam Agar…," *Shohadayeiran*, September 7, 2014.

26 "Marasem-e Tashyi'-e Shahid-e Taqavi," *Fararu*, December 29, 2014; "Sardar-e Soleimani dar Tashyi'-e Shahid-e Taqavi," *Fararu*, December 30, 2014; "Marasem-e Bozorgdasht-e Sardar-e Shahid-e Hamid -eTaqavi Bargozar Shod," *Sepahnews*, January 5, 2015; "Farmandeh-ye Sepah-e Badr va Rais-e Majles-e A'la-ye 'Eraq dar Marasem-e Bozorgdasht-e Shahid-e Taqavi Hozur Yaftand," *Defapress*, January 5, 2015.

27 前述のとおり、本章の趣旨とは異なるが、イランの軍事組織としての革命防衛隊やそのイラン・イスラーム体制における役割の変化の分析に資する一次資料としては、次のものが挙げられる。*Sepah dar Gozar-e Enlelab: Majmu'eh-ye Ettela'ieh, Bayanieh, Akhbar va Gheireh-ye Sepah*, 11 vols. (Tehran: Mo'avanat-e Ravabet-e 'Omumi va Entesharat-e Sepah, 2014). 英文の研究書としては、Kenneth Katzman, *The Warriors of Islam: Iran's Revolutionary Guard* (Boulder: Westview, 1993); Bayram Sinkaya, *Revolutionary Guards in Iranian Politics: Elites and Shifting Relations* (Abingdon, Oxon: Routledge, 2016); Hesam Forozan, *The Military in Post-Revolutionary Iran: The Evolution and Roles of the Revolutionary* Guards (Abingdon, Oxon: Routledge, 2016)、が挙げられる。

第Ⅲ章

選挙と部族社会

――第一一回大統領選挙におけるコフギルイエ・ヴァ・ボイラフマド州の動向

鈴木 優子

1 研究方法と問題点、調査地の紹介

コミュニケーション技術の発達とその普及に伴う部族民のネットワークの変化を調査するため、二〇一二年一〇月二二日から一二月三一日、二〇一三年四月一八日から七月一日の合計五ヵ月間にわたりイランに滞在した。[1] 特に二度目の現地調査は大統領選挙期間に行われ、金銭・人・情報が同時に大量に動き出す機会を利用して部族の社会・政治機構の現状を短期間に把握することを目的とした。

フィールドワークの対象となったのはイラン西南に位置するコフギルイエ・ヴァ・ボイラフマド州である(図3-1)。元遊牧民地帯のこの州は、一九六〇年代半ばに土地改革法が実施されるまで、六つのロル語系部族とトルコ語系ガシュガーイー族[2]に支配され、ハーンと呼ばれる部族長とその家族による軍事的

図3-1　コフギルイエ・ヴァ・ボイラフマド州の位置

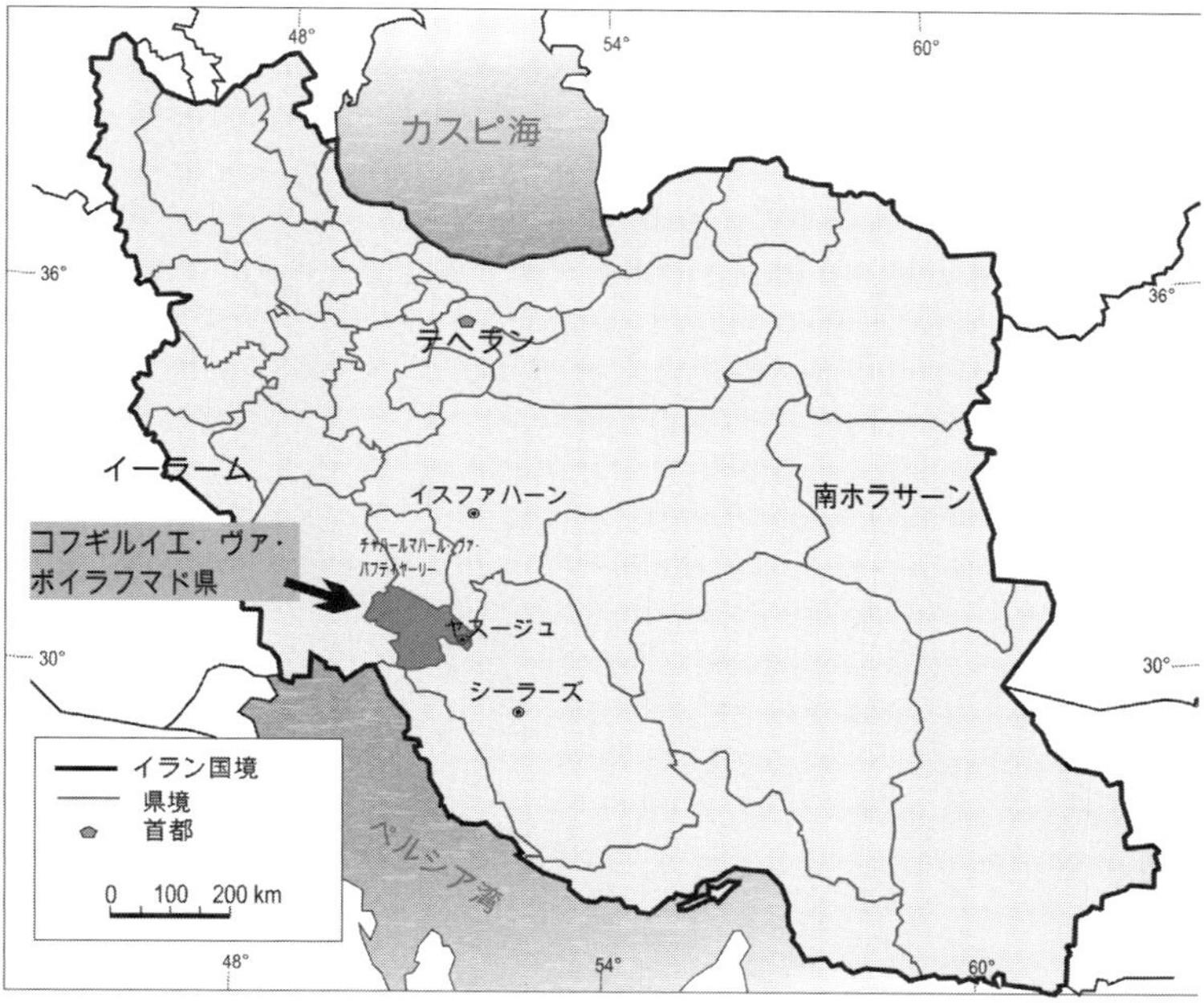

寡頭政治が行われていた。言い換えれば、国家の中の小国家として自治を謳歌してきた。

白色革命[3]の一環である土地改革が当州では一九六六年から実施され、ハーンの耕地を一般遊牧民へ分配したり、部族長を通した徴税制度を廃止するなど、国家による遊牧民の直接行政管理が始まった。しかしながら、部族意識が強く好戦的な民を国家制度に統合するのは難しく、中央集権制の基盤作りのため一九七六年には人口も資源も面積も少ないこの地域を州に昇格させ、各行政省庁の役所を設置し、インフラの急速な整備を図った。

ただし、政治的実体として部族が消滅するのは一九七九年のイスラーム革命後である。前パフラヴィー政権寄りで土地改革後も地元の有力者として生き残っていたハーンの勢力が、左翼運動の広がりや革命に伴うポピュリズムの勃興で弱体化し、同時にイラン・イラク戦争（一九八〇〜一九八八）を経て、前線地に赴いた多く志願兵を筆頭に、国家へのアイデンティティが浸潤し、部族意識が低下したからである。

そして、イラン・イラク戦争後に同州は遊牧を捨て本格的に都市化を始める。政府により貧困地域に指定されたコフギルイエ・ヴァ・ボイラフマド州には、インフラ拡充の重点地域として多くの予算が投下された。[4]加えて、遊牧・農業経営者は、税制上優遇され、教育・食糧配給・生活保護の面でも手厚く保護された。言い換えれば、この地は現イスラーム政権の民衆主義的側面の恩恵をより多く受けている。[5]さまざまな保護政策による急速な社会変容は一九九四年からこの地を調査する筆者の眼にも明らかだった。この二〇年で、周辺村落の多くの人々を飲み込んで、鄙びた小さな地方都市が近代的なビルの立ち並ぶ中都市に成長した。

統計上でも急激な社会変化は明らかで、一九六六年には一六万人の州人口が二〇一一年には四・一倍の六六万人に増加し、[6]一九六六年には九〇％以上あった州の農村・遊牧地域の人口が、二〇一一年までに四七％に減少し、都市人口がついに半数を上回った。[7]また、一九六六〜六七年には農村・遊牧地域における人口の六〇％程度、[8]すなわち州人口の過半数が遊牧民であったと推定されるが、二〇〇八年までに遊牧民人口は一二％にまで減少している。[9]

州の非識字率は、教育の普及により一九七六年の七〇％から二〇一一年には一八％までに劇的に減少し、女性に限ってみれば八一％から二三％へと低下している。[10]一方、女性の教育レベル向上にともない離婚数が急増し、一九九一年時点では、州で一一四件、その全てが都市部で登録され、村落部では皆無であったのに対し、二〇一二年には州全体で八・四倍増の一〇七〇件、村落部でも四〇〇〇件の離婚が登録され州の離婚件数全体の三七%を占めるようになる。[11]

こうした社会変化の中で血族・姻族を基盤とした部族の連携は弱体化したかというと、一概にそうとはいいきれない。学歴重視の現政権下でいち早く成功した新エリートたちは、かつての部族アイデンティティを使って新たな政治グループを形成し、殺傷・略奪を伴った過去の部族闘争への情熱は国政選挙での白熱した選挙キャンペーンとして蘇る。

革命後から二〇一一年までの国政選挙の当州の投票率は、初回選挙を除いて常に全国の最高レベルを記録する。二〇〇九年の大統領選では八八・七%で全国一一位であるが、地元出身者の争いとなる地方議会選挙と国会議員選では州全体が沸き上がると同時に投票率が上昇し、第一回（一九九七年）と第二回（二〇〇三年）の市町村議会選挙および第三回（一九八八年）から第九回（二〇一二年）までの国会議員選挙で全国トップの投票率を記録している。二〇一六年の国会議員選挙では一位こそ逃したが、八〇%の投票率で一位のゴレスターン州と〇・四%の差しか開けられていない（詳細については表3-4参照）。

二〇〇八年までの国会議員選挙で当州と同様に全国的に高い投票率を記録しているのは、イーラーム、チャハール・マハール・ヴァ・バフティヤーリー、南ホラーサーンのいずれも元遊牧民地帯の三州であり、選挙への高い動員力が、部族ネットワークと深く関わることが容易に推測できる。

本稿では、最初に第一一回イラン大統領選挙全体の流れと結果を紹介し、続いて全国の投票傾向と比較しながら部族社会での選挙の特徴を明らかにし、現在の部族ネットワークについて考察する。

2　第一一回イラン大統領選挙の展開

【イラン大統領選挙の法規上の特徴】

イラン大統領は米国やフランスの大統領と異なり、国の最高権力者ではなく、ラフバルと呼ばれる最高指導者に次ぐ行政上第二の権力者であり、憲法で定められた条項の施行と行政を最高指導者から委任されている（憲法一一三条）。大統領選挙については、憲法一一四条から一二〇条、大統領選挙法（以下、大選法と略記）[12]、大統領選挙法実施省令[13]、さらに大統領選挙に関する監督者評議会管理法（以下、監督評法と略記）[14]によって定められている。大統領選挙に関する主な法規を表3-1に、組織票を図3-2にまとめた。

日本の制度と比較したときのイランの国政選挙の第一の特徴は投票方法にある。住民票のないこの国では有権者は選挙人登録をせずにシェナースナーメと呼ばれる身分証明手帳とカルテ・メッリーと呼ばれる国民カードを提示すればどこの投票所でも投票できる。よって、選挙区によっては投票数が予想有権者数を上回り、投票率が一〇〇％を超えることもある。投票後には身分証明手帳の選挙投票欄に印が押され、投票したことが証明される[15]。この方法に応じ、いくらかの金額を代償に身分証明手帳を貸し出すという選挙違反が頻繁に報告される。また、日本の四・四倍の国土に日本の人口の約六〇％が散在し、山岳地帯の集落全てに投票所を設置するのが困難なため、村から村へと投票箱が運ばれる移動投票制度がある。

第二の特徴は、監督者評議会[16]の持つ選挙監督権の強大さである。当評議会が法律の合憲性の審査と選挙の適法性を保障する機関であることについてはフランスの憲法評議会と同じであるが、現イラン・イスラ

表 3-1　大統領選挙に関する主な法規

任期	大統領は任期4年で直接選挙によって選ばれ、任期は連続で2期まで。	憲法113条、大選法10条
資格	大統領の資格は、イラン国籍、父親がイラン人、管理者で賢明、輝かしい経歴を持ち、信頼と徳があり敬虔な信者でイスラム共和国と公認の宗教（12マーム・シーア派イスラーム）を信奉すること。	憲法14条、大選法35条
当選の条件	投票数の過半数を獲得した者が当選する。いずれの候補者も投票数の過半数を獲得しなかった場合には、上位2者間で1週間後の金曜日に再び選挙が行われる。	憲法117条、大選法12、13、14条
選挙人	有権者の条件は、イラン国籍、満18歳以上、心神喪失者でないこと。	大選法36条
	毎回の投票で、要求された条件を満たす者だけが身分証明手帳あるいは国民カードを提示して1度だけ投票することができる。	大選法19条
選挙監督	憲法99条に基づき大統領選挙の監督は監督者評議会によって行われる。	憲法118条、監督評法1条
	監督者評議会は選挙の監督を行い、選挙の進行がいずれの段階でも問題なく遂行されているか監視する。	大選法8条
	監督者評議会は選挙が始まる前に2人の同委員会の成員以外に5人の中央選挙管理委員会の成員を監督者評議会の過半数票をもって選出し、3人の補助成員とともに内務省に紹介する。	監督評法2条
	中央選挙管理委員会は選挙の全遂行過程の監督と内務省および選挙実行委員会の選挙行政の監督を行う。	監督評法4条
	中央選挙管理委員会は各郡の代表者を承認する。	監督評法5条
	監督者評議会は、5日間で候補者の適性について調べその結果を内務省に伝える（5日間延長可能）。内務省は2日以内に候補者の名前を公表する。	大選法57条、60条
	監督者評議会は7日以内、必要ならば10日以内に選挙の最終結果を内務省に通告し、同省はメディアにその結果を発表する。	大選法79条
選挙執行	イラン国営放送局が全国でも地方ネットでも選挙に関する全情報を放送する。	大選法23条
	内務省が選挙の開催について人民に伝える。	大選法30条
	内務省が選挙を開催し、中央選挙実行委員会は下記の成員で構成される。内務省大臣、国会議長委員会の成員1人、検事長、情報省大臣、7人の信頼のおける者（遅くとも任期満了の5ヵ月前に内務大臣は30人の信頼のおける者を中央選挙実行委員会委員候補として中央選挙管理委員会に紹介する。そのうちの7人が主要メンバーとなる）。	大選法31条
	選挙運動は候補者名が公表された時点から始まり、投票開始24時間前に終了する。	大選法67条

図 3-2　大統領選挙における選挙管理機構

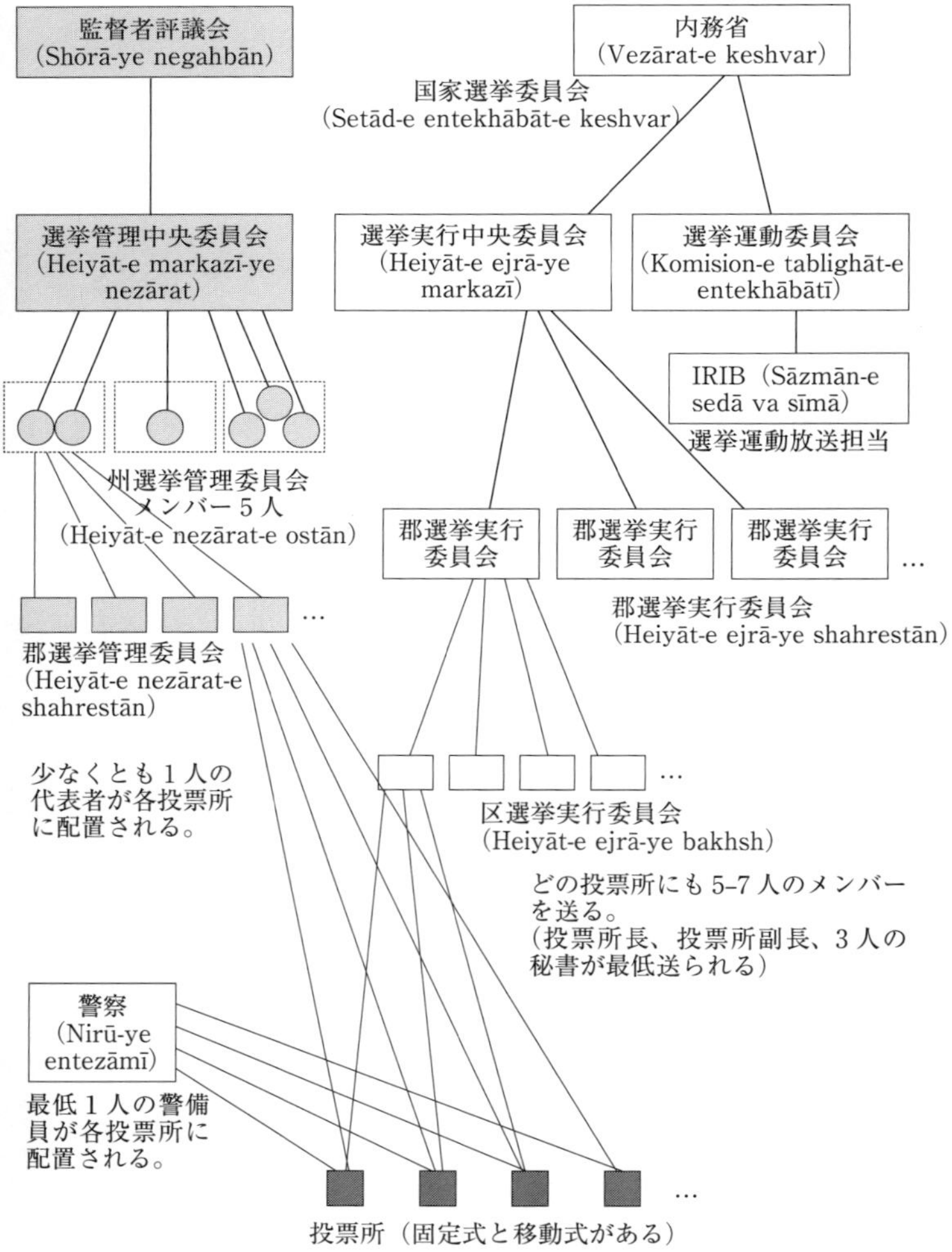

ーム共和国憲法によりイスラームの教えへの適合性と市町村議会選挙を除いて国政選挙の候補者の資格審査をする権限を持つ。従って、大統領選挙では、選挙開催は内務省が行うが、選挙の管理・監督は監督者評議会に委ねられ、同評議会が候補者の資格審査と投票・投票箱・選挙結果の有効・無効の最終的判断を下し、同評議会が管理する中央選挙管理委員会[17]（監督者評議会成員の二人を含む七人より構成）が選挙の全遂行過程の監視と選挙を実施する内務省および選挙実行委員会の監督を行う。

どの選挙でも監督者評議会による候補者の資格審査の予想と結果は、選挙結果と同様にメディアで大きく取り上げられる。なぜなら、同評議会は、その成員の半数六人が最高指導者によって選ばれ、残りの六人の法学者が最高指導者に指名された司法長官[18]によって推薦される（憲法九一条、一五七条参照）最高指導者傘下の機関であり、現体制の反対勢力の国政参加を阻む砦であるとともに、現イスラーム政権が民意との妥協で容認する政治家を知る機会となるからである。

【選挙日程】

第一一回大統領選挙は以下の表3―2のように経過した。今回の大統領選挙では初めて市町村議会選挙が同時開催され、地方によっては最高指導者選出専門委員会[19]の補欠選挙または国会議員の補欠選挙も加わったため、選挙運動が解禁された投票日の三週間前より大都市から村落までが選挙色に染まった。

【前回選挙の傷跡と警戒体制】

今回の大統領選では、二〇〇九年の第一〇回大統領選挙の影響が日程、治安体制、そして選挙結果にも

表3-2　第11回大統領選挙の日程

出来事	日付	関連する法律
中央選挙管理委員会の委員の選出	2012/11/28	監督評法2条
選挙法の改正の国会による採択	2012/12/16	
監督者評議会の改正法の承認	2013/01/23	
内務省による大統領選、最高指導者選出専門委員選、市町村選挙のスケジュールの発表	2012/12/15	大選法3条
内務省中央選挙実行委員会の設立	2013/02/05	大選法31条
内務省への立候補届出（ハータミ元大統領不出馬）	2013/05/07-11	大選法55条
候補者の提出資料が監督者評議会に送付される。	2013/05/12	大選法56条
候補者の資格審査が監督者評議会によって行われる。	2013/05/12 ～ 16	大選法57条
資格審査の延長期間	2013/05/17-21	大選法57条
内務省による資格審査を通った候補者の発表（ラフサンジャーニ元大統領失格、8候補者審査通過）	2013/05/21	大選法60条
資格審査に関する不平の受け付け	候補者の発表から投票の2日後まで	大選法80条
選挙運動管理委員会によるテレビ討論会のスケジュールと方法の発表	2013/05/24	大選法65条
選挙運動期間開始	2013/05/24 ～ 06/12	
内務省の選挙開始通知後、郡役所（farmāndārī）は区役所（bakhshdārī）に選挙実行委員会を結成するように命じ、3日以内に自らを長とする郡（shahrestān）選挙実行委員会を結成する。	2013/05/07 ～ 09	大選法38条
第1回テレビ選挙討論会	2013/05/31	
第2回テレビ選挙討論会	2013/06/05	
第3回テレビ選挙討論会	2013/06/07	
ハッダードアーデル、アーレフ2候補の出馬辞退	2013/06/10	
選挙運動終了	2013/06/13	大選法66条
第11回大統領選挙の投票日	2013/06/14	
内務省の国家選挙委員会による最終結果の発表	2013/06/15	通常は選挙終了後7日間必要ならば10日間の監督者評議会による最終決定期間がある。大選法79条
選挙結果に対する不平の受け付け	2013/06/16 まで	大選法80条
選挙方法に関する不平の受け付け	選挙後3日間	大選法80条

色濃く現れた。前回の選挙直後アフマディネジャード大統領の当選に抗議する学生・市民による大規模なデモがいくつもの都市で行われ、何百万人もが参加する「緑の運動」という名の抗議運動に発展し、警察・軍との衝突の結果、多くの死者・負傷者を出し、その状況がテレビやソーシャル・メディアを通し世界中を駆け巡ったことは記憶に新しい。

今回の大統領選挙では初めて市町村議会選挙が同時開催されたが、本来二〇一一年二月に行われる予定だった第四回市町村議会選挙が二年以上遅れて大統領選挙と同時開催になったのは、選挙予算を節約すると同時に、前大統領選後の政情不安な状況での選挙を避けたためと言われていた。二〇一三年の四月中旬、選挙二ヵ月前に筆者が四ヵ月ぶりにイランに戻ると実際に今までにない厳重な警戒体制が敷かれていた。

まず、選挙運動開始日頃からネットでの情報流通量を制限するために、回線速度が急落した。普段でも一メガバイト／秒に抑えられている一般家庭用用の ADSL の速度が更に遅くなり、画像の受信・送信が困難になった。

政治運動の発信地である大学や学生寮への警戒は厳しくなり、全国の大学で例年は六月中旬に行われる学年末テストは三週間早まり、選挙期間中は大学構内にも大学寮にも学生がいないよう日程が組まれていた。加えて、抗議運動の様子が国外に流出するのを妨げるためか、あるいは外国人がデモの混乱に巻き込まれることを懸念してか、選挙運動期間中の外国人の国内滞在は厳しく制限されていた。私営のアパートに住んでいたテヘラン大学の外国人留学生は全て大学の外国人専用宿舎への引っ越しを求められ、選挙前には全員の出国が義務付けられていた。また、地方の役人によると国連のプロジェクトでイランに滞在していた日本人グループが、選挙期間中は強制的に国外退去となったという。

筆者には選挙前後の三ヵ月の滞在許可が下りたが、イラン人大学関係者からは「特別扱い」と指摘された。ただし、決して自由な滞在・調査が許可されたわけではなく、四月半ばには、テヘランの大学関係者から大都市より外国人に対する政治圧力が少ない地方に移動したほうがよいと忠告され、速やかにコフギルイエ・ヴァ・ボイラフマド州に向かったが、同州でも大学の治安担当官、警察・情報省および州庁の治安部署、さらには遊牧民協会の治安部署の監視下に置かれ、毎日の行動報告が求められた。滞在場所も、治安当局によって制限され、「あなた自身の身の安全」を理由にイラン人宅への宿泊が初めて禁止された。このため当初は大学の客用宿舎に避難していたが、選挙が近づくにつれ、投票日は地方都市からも離れるよう勧告されたため、六月に入ってからは極力、混乱の起こる可能性のない村落部に潜むことになった。

緊急警戒体制の緊張は都市に限らず、村落部でも観察されていた。外国人だと分かると「敵国が選挙を妨害しようとしている」と懸念し騒ぎ立てる者もいたので、選挙前は部族全員が筆者を知るドシュマンズィヤーリー族の中で過ごしスパイ扱いされぬよう努めた。身の安全と調査の遂行を確実にするため、テヘラン大学からも州庁からも調査許可書を発行してもらい、郡の選挙管理委員会会長からも写真撮影許可を得ていたが、投票日当日には「外国人は選挙の写真を撮って外国メディアに流す」「村は貧乏で外国に見せるものでない」という郡役所の担当官にデジカメを取り上げられるというハプニングも起きた。

【選挙の展開】

今回の選挙では、当初八人の出馬者の中に特に有力な候補がなく、メディアでも一般の人の会話の中でも話題の少ない盛り上がりを欠く選挙戦であったが、投票日の一週間前に行われた第三回テレビ討論会後より突然加熱し、投票結果が公表されると地方都市でも若者たちが中心街に繰り出しクラクションを鳴り響かせ踊るお祭り騒ぎが繰り広げられた。

五月一一日の立候補届け出最終日までメディアが最も注目していたのは、ハータミー元大統領の出馬の有無であった。政治通の人々の意見をまとめれば、「ハータミー元大統領が出馬すれば、彼の人気から見て当選確実だが、改革派の勢力拡大を阻止するため保守派が武力圧力をかけてくるのではないか。あるいはハータミー元大統領の生命が危機にさらされるかもしれない」ということであった。ハータミー元大統領不出馬の報道後に注目されたのは改革派寄りのラフサンジャーニー元大統領の動向であり、監督者評議会の資格審査で同元大統領が失格となった後は立候補者リストから有名候補者が消えた。

コフギルイエ・ヴァ・ボイラフマド州でもテヘランと同様に二人の元大統領の不出馬を嘆く声が州庁役人の間からも、町の人々の話からも聞こえてきた。一〇年前の調査時の状況を思い出すと二人の元大統領の予想外の人気に驚かされた。ラフサンジャーニーは二〇〇〇年、汚職疑惑により人気を失いテヘラン選挙区からの国会議員選挙で監督者評議会による選挙結果の見直し前は落選していた。ハータミーは二〇〇一年の第二選以降、行政改革推進のための政治手腕に欠けると改革派と保守派の両陣営から批判を受けていた。よって、二人の元大統領の今回の人気は特にアフマディネジャード大統領の二選目以降の不人気に煽られた結果と考えられる。

誰が有力なのか全くわからない状況の中、最高指導者の支持者が話題になった。誰も支持しないという公式発表にもかかわらず、何らかの合図を暗黙の裡に送っているはずだとの憶測が行きかう。山岳地帯の遊牧民の夏営地でもその話題で盛り上り、投票日の一週間前の六月七日の朝、最高指導者が国家安全保障最高評議会の書記長であるサイード・ジャリーリーを支持するという情報を羊とヤギの放牧を行う友人が伝えに来た。

メディアも一般の人も誰が有力候補なのか分からないまま、投票日の二週間前である五月三一日から始まるテレビ選挙討論会に注目した。Asriran.irというウェブサイト・ニュースでの世論調査によると、この討論会が始まる前は六四・三％の人がまだ誰に投票するか決めていなかったという。[20]

前回の大統領選では四人の候補者から、二人ずつが組となって一対一で討論を行ったが、今回は八人の立候補者全員が一つのテーブルに並び、テーマ別に三回の討論会が放映された。世論調査を行ったウェブサイト（Khabaronline、Entekhab、Asriran、Fraru等）によると、第一回の経済問題に関する討論会ではアーレフ（情報源により四一〜五一％）、第二回の文化・社会問題ではロウハーニー（四五〜五五％）、第三回の政治問題ではロウハーニー（五三〜五七％）が勝利を収めたとされ、三回とも改革派の二人が上位二位を確保した。Asriranの世論調査によるとロウハーニーの支持率は立候補直後では三五％であったが、投票日三日前には七六％に伸びていた。[21]

大統領立候補以前のロウハーニーの地位は、公益判別評議会[22]のメンバー、そして国家安全保障最高評議会の委員であったが、彼がメディアでとりわけ着目されたことはなく、一般の人に名を知られている政治家ではなかった。テレビ討論会前では現職テヘラン知事のガーリーバーフ、一九八一年から一六年間外務大臣を務めたヴェラーヤティー、国会議長であったハッダードアーデル、さらには欧州との核開発問題交渉チームの長であるジャリーリー、三度目の大統領選出馬のレザーイーの方が知名度が高かった。

ロウハーニーが注目された一番の理由はハータミー元大統領の支持を受けたことだが、彼が有力候補として頭角を現すのは第二回テレビ討論会からであり、素晴らしい暗記力、明快な論理、落ち着いた話し方で他を圧倒した。そして、第三回テレビ討論会後には、地方都市でも若者が道行く人にロウハーニーへの投票を呼び掛ける動きが自然発生した。

ロウハーニーと対照的なのがガーリーバーフで、三回目の討論会で、二〇〇三年当時国家安全保障最高評議会議長であったロウハーニーが一九九九年六月に起きたテヘラン大学大学寮襲撃の記念集会デモの許可に反対だったことを批判したが、逆にロウハーニーによって当時警察署長であったガーリーバーフがデモを許可して参加者を一斉逮捕しようとしていたことを暴露され、彼の穏健かつ実務的なイメージを崩すことになった。この二人の討論の場面は、衛星中継（非合法であるが黙過されている）を通して多くのイラン人が見るＢＢＣペルシア語放送でも、仮想プライベート・ネットワーク構築ソフトを使って若者が隠れ見るYou Tube（二〇一二年より再度禁止される）でも流され、ガーリーバーフは反民主的・扇動家のイメージを強めてしまった。

３　村での投票

投票日二日前から治安上の理由で筆者が避難したのは、一九九四年より調査するアーブリーズ村であった。この村落の人々はロル語族に属し、ハーン統治が終わった後もドシュマンズィヤーリー族というアイディンティをもつ。一九九五年当時、アーブリーズ村には五九家族三〇四人が住み遊牧・農耕生活を兼業していたが、その規模は非常に小さく、バルーチスタンの地域と同様、食事が十分にとれない日もあるという貧しい経済状態で、泥棒集落としても近辺に名を轟かしていた。
一九九五年当時、アーブリーズ村でもその周辺村でも遊牧生活に誇りを持ち、都市より山岳地帯の自由な生活を好む者も少なくなかった。しかし、一九九八年に起きた親族間での闘争にともなう従兄弟による殺人事件を機に、村人の過半数は元夏営地にできた村落、またはデヘダシュトやヤスージュという地方都市に移住して行った。その後も過疎化はさらに進み、残っていた者の多くも、建築労働者、商人、学生として地方都市に移住し、二〇一三年には二〇家族のみが残っていた。活気に溢れていた村の姿は既になく、成人男子の多くは出稼ぎに出ていて、投票日にだけ会うことができた。

アーブリーズ村は地方都市ヤスージュまたはデヘダシュトから四輪駆動の車で三時間以上かかる場所にあり、投票日の六月一四日午前一一時には地方都市デヘダシュトから女性の情報処理担当官一人を含む一二人の選挙担当官が三台の車に乗り込みやってきた[23]。仮投票所となる村中央の小学校に一台のパソコンを持ち込み、投票者の登録を行うために携帯電話の通信プロトコルＧＰＲＳ[24]を通してインターネットに接続しようと試みる。村の受信状態は、場所により天候により不安定であるため、特別アンテナを設置することで接続に成功し、一二時から投票が開始された。

投票は男女別。まずは村の男性たちが一人一人仮設投票場に入り全員が投票を終えたことを確認した後に、女性たちが投票所に入る。村における投票率は一〇〇%。投票は一四時に終了。投票所の担当官は三つのグループに分かれて村人の家で昼食に招かれる。担当官たちは一五時半過ぎから再び小学校に集まり、猛暑の中一八時半までに開票を終え、結果をインターネット経由で郡の選挙実行委員会に送り投票箱を抱えて一九時に車に乗って帰っていった。

アーブリーズ村を管轄するコフギルイエ郡の選挙管理委員会の長であり、監督者評議会のデヘダシュト市代表者の話によると、この地域の選挙へのコンピュータの導入は、二〇〇九年の大統領選挙の際に一部の地域で始まり、今回の選挙で郡全域に広がった。このため、州内で最も辺鄙な村の一つに数えられるアーブリーズ村でも今回初めて選挙人登録と投票結果の転送にインターネットが使用された。

ただし、電算化は一部の作業を複雑にした。なぜなら村の四〇歳以上の人々の多くは非識字者であり、身分証明書の名前も戸籍台帳の個人情報も本人の確認なしに記入され誤記が多いので、本人が認識している名前と、身分証明書あるいは台帳に登録されている名前が一致しないことは珍しくない。ゆえに、コンピュータ上のデータを使って選挙人を同定するのは難しい作業である。加えて、コフギルイエ・ヴァ・ボイラフマド州では大統領選挙のほか、市町村議会選挙と最高指導者選出専門家委員会への州の代表者一人を選出する三つの選挙が同時に行われたため、アーブリーズ村の一〇〇人以下の選挙人の投票と開票に一日が費やされることになった。

コフギルイエ・ヴァ・ボイラフマド州の地方都市と同様に村人の関心は、大統領選挙より市町村議会選挙に集まっていた。アーブリーズ村の村議会選挙では、現在村に残った四〇代の村民の中では最も高学歴である中卒の三人の男性が定員三名の席を争う。即ち三人とも当選確実なのだが、最高得票者には区長から村議会印を預かるので、一位の座をめぐる名誉の争いが展開される。都市の候補者はそれぞれの家族ネットワークを使って票集めを行うが、遊牧民の村落ではいとこ婚が多く、村民はどの候補者とも親戚関係にあるので、より近親であることと立候補者への普段の評価が投票に反映する。

今回の選挙では、投票の二週間前に、前回一位当選の村長が放牧中に携帯電話を通して、町で知り合った女性との関係について隣村の友達に自慢し、かつて美人で有名だった自分の妻を蔑ろにした発言を録音され、村中の男性の携帯にその録音が転送されるというスキャンダルが起き、一位の座を譲り渡すことになった。

村での大統領選は、地元候補者をめぐり親族や部族の面子をかけた団体戦となる市町村議会選挙や国会議員選挙と異なり、外部や家長から特定の候補者への投票を促されることは稀である。それでも、一二年前の選挙では、女性たちは夫や実家の親・兄弟の意見に従うのがあたりまえだったが、今回は、学校教育を受けていない年配者を除き、自分の意思で投票する女性が目立った。

秘密投票というのはアーブリーズ村では何の意味もなさない。投票終了直後に男性たちは全村民の票の内訳を既に知っている。その結果は、レザーイーが一位で、ロウハーニーが次点であった。レザーイーはフーゼスターン州のマスジェデソレイマーン生まれのバフティヤーリー族の出身であり、ドシュマンズィヤーリー族と同じロル語族であるという同一民族意識で票が大きく動いた。

全国の開票結果については、ロウハーニーがリードしているという第一報が投票翌日の朝七時にラジオから流れてきた。その後なかなか発表されない開票速報を知るべく、人々が朝からテレビの前に座って待つ。そして午前九時半、ロウハーニーがほぼ過半数を獲得していることが発表された。ロウハーニーの強さ、そして内務省による速やかな結果発表と監督者評議会の開票結果への非介入は、村人にも筆者にも予想外であった。

表 3-3　第 11 回イラン大統領選挙最終候補者の得票と出生地

候補者名	ハサン・ロウハーニー	モハムマッド・バーゲル・ガーリーバーフ	サイード・ジャリーリー	モフセン・レザーイー	アリーアクバル・ヴェラーヤティー	モハムマッド・ガラズィー
政治的傾向	穏健派（改革派）	原理主義派（保守派）	原理主義派（保守派）	独立諸派（保守派）	原理主義派（保守派）	独立諸派（保守派）
出生地、出生県	ソルへ、セムナーン県	タルガッベ、ホラサーネ・ラザヴィ県	マシュハド、ホラサーネ・ラザヴィ県	マスジェド・ソレイマーン、フーゼスターン県	シェミーラーナート、テヘラン県	エスファハーン、エスファハーン県
全国得票数	18,613,329	6,077,292	4,168,946	3,884,412	2,268,753	446,015
全国得票率 **1	52.5%（50.7%）	17.1%（16.6%）	11.8%（11.4%）	11.0（10.6%）	6.4%（6.2%）	1.3（1.2%）
得票数第一位の県	28	0	0	3	0	0
KB 県得票数 **2	126,395	17,489	24,138	142,040	11,510	1,487
KB 県得票率	39.1%	5.4%	7.5%	44.0%	3.6%	0.5%

**1 : 得票率は有効得票数に占める得票数、() 内は投票数に占める得票数
**2 ; KB はコフギルイエ・ヴァ・ボイラフマドの略
数値はイラン内務省から発表された選挙結果を使用。

4　選挙結果の分析

【コフギルイエ・ヴァ・ボイラフマド州の特徴】

一、コンピュータの導入による投票率の低下

「高い投票率は体制の治安を強化する」とコフギルイエ・ヴァ・ボイラフマド州の代議士が選挙前に語ったように、二〇〇九年大統領選挙後の武力によるデモの鎮圧に対する外国からの政権批判に対し、高投票率で国民の現体制への支持の強さを示そうと、政府広報による投票宣伝が行われた。結果的に全国レベルの投票率は七二・七%（有権者約五〇四八万人、投票総数三六七〇万票[25]）二〇〇五年選挙と比較して四ポイント、前回（二〇〇九年）と比較すると一二・一ポイント低下した[26]。

コフギルイエ・ヴァ・ボイラフマド州は七四・四%（有権者四六万人、投票総数三四万人[27]）で

表 3-4　過去の国政選挙の投票率――コフギルイエ・ヴァ・ボイラフマド州と全国値の比較

選挙名	年	有権者数	投票数	KB 県の投票率％	全国投票率％	全国順位
大統領選挙						
第 6 回	1993	254,362	168,139	66.1	50.66	25 県中 2 位
第 7 回	1997	294,259	257,838	87.62	79.92	26 県中 4 位
第 8 回	2001	353,054	270,417	76.59	66.77	28 県中 5 位
第 9 回	2005	―	―	78.48	62.84	30 県中 2 位
第 10 回	2009	415,694	368,707	88.7	84.8	30 県中 11 位
第 11 回	2013	459,888	342,024	74.4	72.7	未発表
国会議員選挙						
第 1 回	1980	141,572	62,193	43.93	52.14	24 県中 15 位
第 2 回	1984	171,385	135,178	78.87	64.64	24 県中 2 位
第 3 回	1988	207,475	176,214	84.93	59.72	24 県中 1 位
第 4 回	1992	251,166	217,559	86.62	57.81	25 県中 1 位
第 5 回	1996	283,000	272,127	96.16	71.1	25 県中 1 位
第 6 回	2000	319,748	308,577	96.51	67.35	28 県中 1 位
第 7 回	2004	398,067	357,316	89.76	51.21	28 県中 1 位
第 8 回	2008	―	―	90.9	54	30 県中 1 位
第 9 回	2012	―	―	89.96	64.2	31 県中 1 位
第 10 回	2016	518,811	413,000	80.0	62	31 県中 2 位
市町村議会選挙						
第 1 回	1997	267,999	267,979	99.99	64.42	28 県中 1 位
第 2 回	2003	343,653	271,976	79.14	49.96	28 県中 1 位
第 3 回	2006	―	―	―	64.83	
4 回以降は大統領選挙と同時開催						

あり、前回比一四・三％減となる。常に投票率の上位に位置する元遊牧民地域である南ホラーサーン、イーラーム、チャハール・マハール・バフティヤーリー州の投票率はそれぞれ、九三％[28]、八二％[29]、七六・一％であり[30]、前回比はプラス七、マイナス五・七、マイナス一二ポイントとなった。南ホラサーンは全国一位、他の二州も全国の上位に位置する。

　コフギルイエ・ヴァ・ボイラフマド州の今回の投票率の低下は、現地で観察した限りでは、事務的不手際に原因があった。デヘダシュトの選挙監視委員会の担当者の話でも、また、州庁所在地ヤスージュで投票した人の話でも、都市の投票所は昼間人で溢れかえり、投票するのが難しいために投票を諦めて帰る人もいたという。投票所前には夜まで長蛇の列ができ、八時から一八時までの投票時間が二三時まで延長されたが、それでも投票所に入れなかった人が多数いたという。州内に七九八の投票所があったが、投票所が全ての選挙人を時間内に収容できなかったのは、コンピュータによる選挙人の身元確認に手間取ったうえ、三つの選挙の投票にかかる時間の計算を誤ったためであろう。このため一部の地方紙[31]は州選挙対策委員会の準備体制を厳しく批判した。

三年後の二〇一六年国会議員選挙で、同州が全国二位の投票率（一位ゴレスターン州八〇・四%、二位コフギルイエ・ヴァ・ボイラフマド州八〇%）を記録したことから見ても、部族ネットワークの動員力が急激に弱体化したと考えにくく、高投票率を促す市町村議会選挙の同時開催にも関わらず投票率が低下したのはやはり技術的な問題が原因であったと思われる。

二、エスニック・アイデンティティによる票の動き

コフギルイエ・ヴァ・ボイラフマド州はレザーイー候補が勝利した全国三州（チャハールマハール・ヴァ・バフティヤーリー、フーゼスターン、同州）のうちの一つであり（図3-3）、同候補は同州で四四%の得票率を獲得した（図3-4）。二〇〇五年の大統領選挙でもロレスターンのロル語族出身のキャルービー候補が、得票率一八%で全国では三位だったが[32]、この地域では三一%でトップであった。両者とも出身部族名は異なっても同じロル語族に属するという同一民族意識によってザクロス山脈周辺の州での支持率が高くなっている。レザーイー候補もこの優位な立場を確実に生かすため、ほとんどの候補者が無視する同弱小州に

図3-3　2013年大統領選挙　州別有効投票数に対するロウハーニーの得票率とレザーイーの勝利した３州

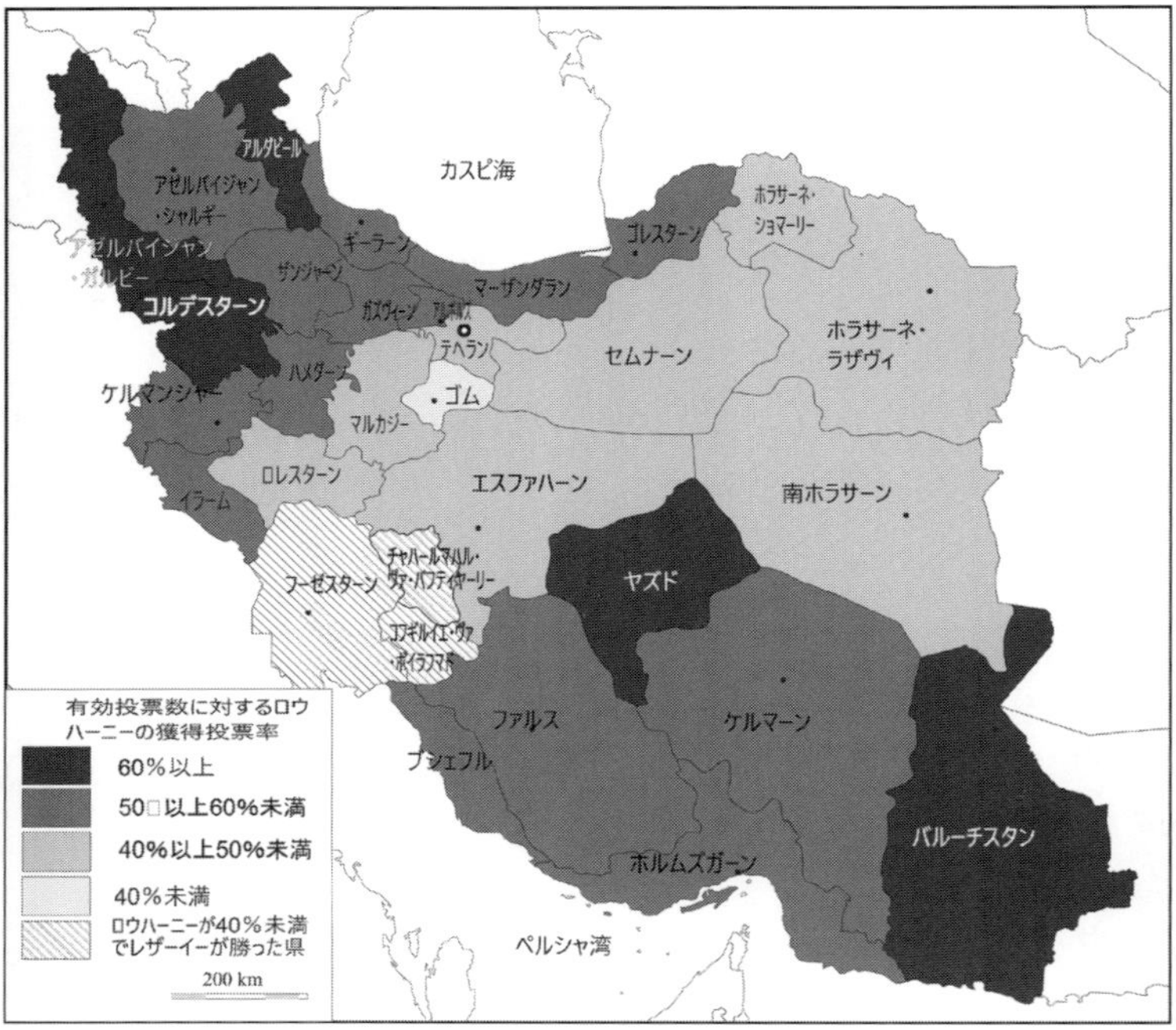

来て選挙演説を行った。ロル意識を盛り上げるため、選挙演説会場には遊牧民独自のフェルト帽を被って登場し（写真5）、話の内容もロルの団結を訴えるものであった。

三、地域ごとの政治傾向

ただし、ロル・アイデンティティは、クルドやバローチー、さらにガシュガーイーなどのトルコ語系民族グループとは異なる形で選挙に表れる。ロル語はイラン系諸語の一つであり、他の三グループのような少数言語グループという意識はロル語族の人々にはない。他のイラン系諸語を母語とする集団も、ロル語族文化をイラン文化の源とみなし、民族的には多数派の亜流として

図3-4　各候補者の得票率の比較　2013年大統領選挙（得票数／有効投票数）

KBはコフギルイエ・ヴァ・ボイラフマドの略

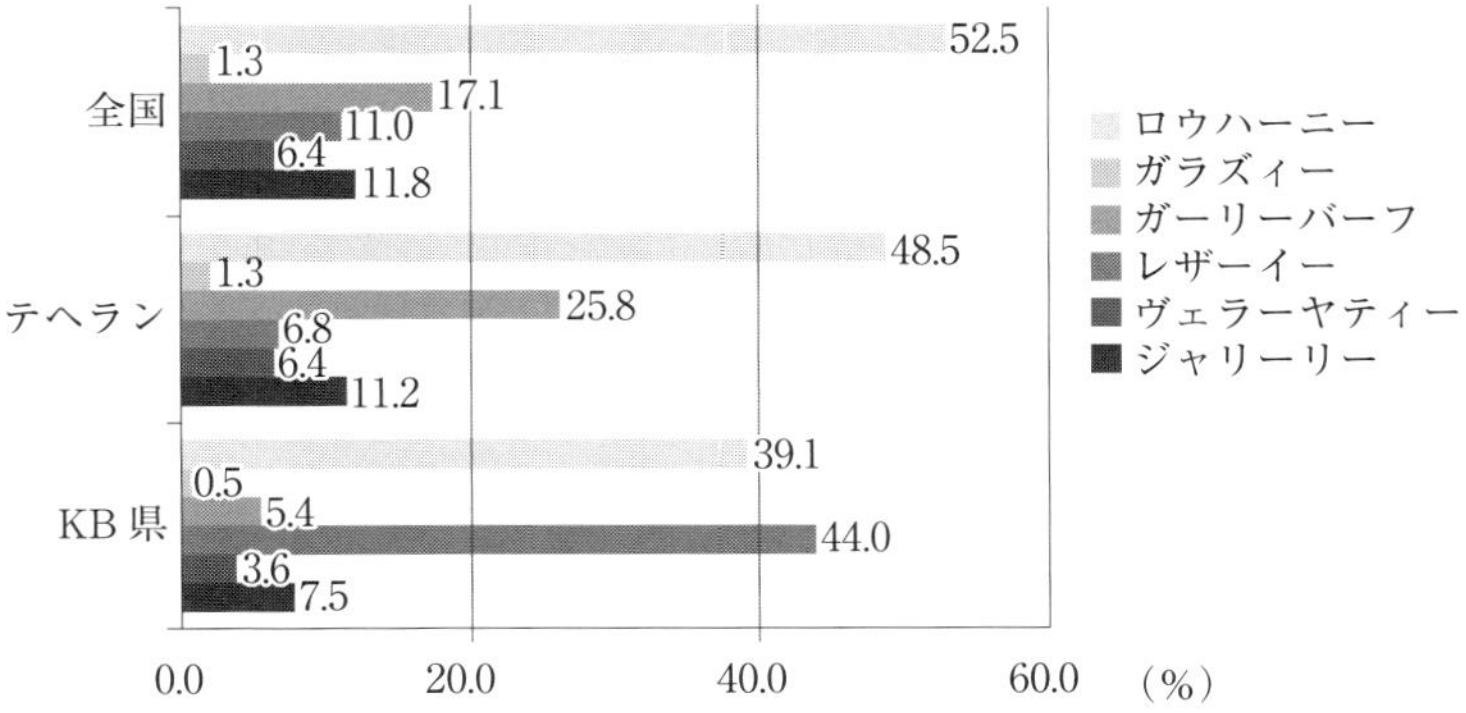

扱われる。宗教的にもロル語族の大多数はイランで国教となる一二イマーム・シーア派を信仰し、スンナ派のクルド、バローチーのように宗教的少数派であるために起こる現政権との軋轢はない。宗教的、あるいは言語的に少数派とされる諸エスニック集団が、かつて人権と他文化の尊重を訴える改革派ハータミー大統領の支持基盤となり、現在でも改革派の強い地域であるのに対し[33]、軍・警察に出身者の多いロルは比較的保守派の強い地域である。

革命時にはコフギルイエ・ヴァ・ボイラフマド州でもさまざまな政治グループが活動し、共産党系政党が都市部の高等教育を受けた一部若者の間に浸透していたようだが、一九八八〜八九年の左翼運動弾圧によって姿を消す。筆者が初めてこの地に調査に入った一九九四〜五年には現イスラーム政権への信奉者が特に村落部に多く観察された。これは、現イスラーム体制の民衆主義的な政策——大地主であった元ハーンの弱体化を進め、主要食料品の安価配給、都市で勉強する村落の子供たちの宿泊施設設置を含めた教育普及、さらにはイラン・イラク戦争で戦死した兵士の遺族への教育から就職までの手厚い保護等――によって特に村落部の人々の生活が改善し、貧しい者にも教育による新たな社会地位向上の機会が与えられたことへの評価と、宗教心が道徳レベルのバロメーターという地元の価値観による現象であると推測された。

その一方で、権力に対抗する遊牧民独自の反骨精神は都市部の有力部族に健在で、州の最大部族であるボイラフマド族が改革派に傾倒するのは単なるイデオロギーだけの理由ではないと考えられた。同時に、州のボイラフマド族以外の部族が対抗意識から最高指導者に近い保守派を支持する傾向が、二〇〇〇年の国会議員選挙で観察された。その傾向が変化したのはハータミー大統領二期目（二〇〇一～〇五年）からで、同大統領の人気上昇とともに改革派が急速に州内で大衆化する。この保守的傾向と改革派の進展は一九九七年と二〇〇一年でのハータミー大統領への得票率（一九九七年の五八・〇％に対し二〇〇一年には六五・六％）から明らかである。ただし、同時期の全国での同大統領の得票率（それぞれ六九・七％と七六・九％）と比べれば、同州のハータミー支持率は、一九九七年には一一・七ポイント、二〇〇一年には一一・三ポイント全国平均を下回ることになる。

四、石油採掘によりいち早く国際化した二郡

今回、レザーイー候補はコフギルイエ・ヴァ・ボイラフマド州全一九選挙区のうち一五の選挙区で最高得票を獲得したが、残りの四区はギャチサーラーンとバーシュトと呼ばれる二郡に属する同州では例外的な地域である（図3-5、3-6）。同地域はかつてボイラフマド族、バーシュトバーヴィ族とガシュガーイー族の居住地域であった。トルコ系のガシュガーイーはロルに同一民族意識をもたないし、元はアラブ系

図3-5　コフギルイエ・ヴァ・ボイラフマド州における郡ごとの各立候補者の得票率—2013年イラン大統領選挙

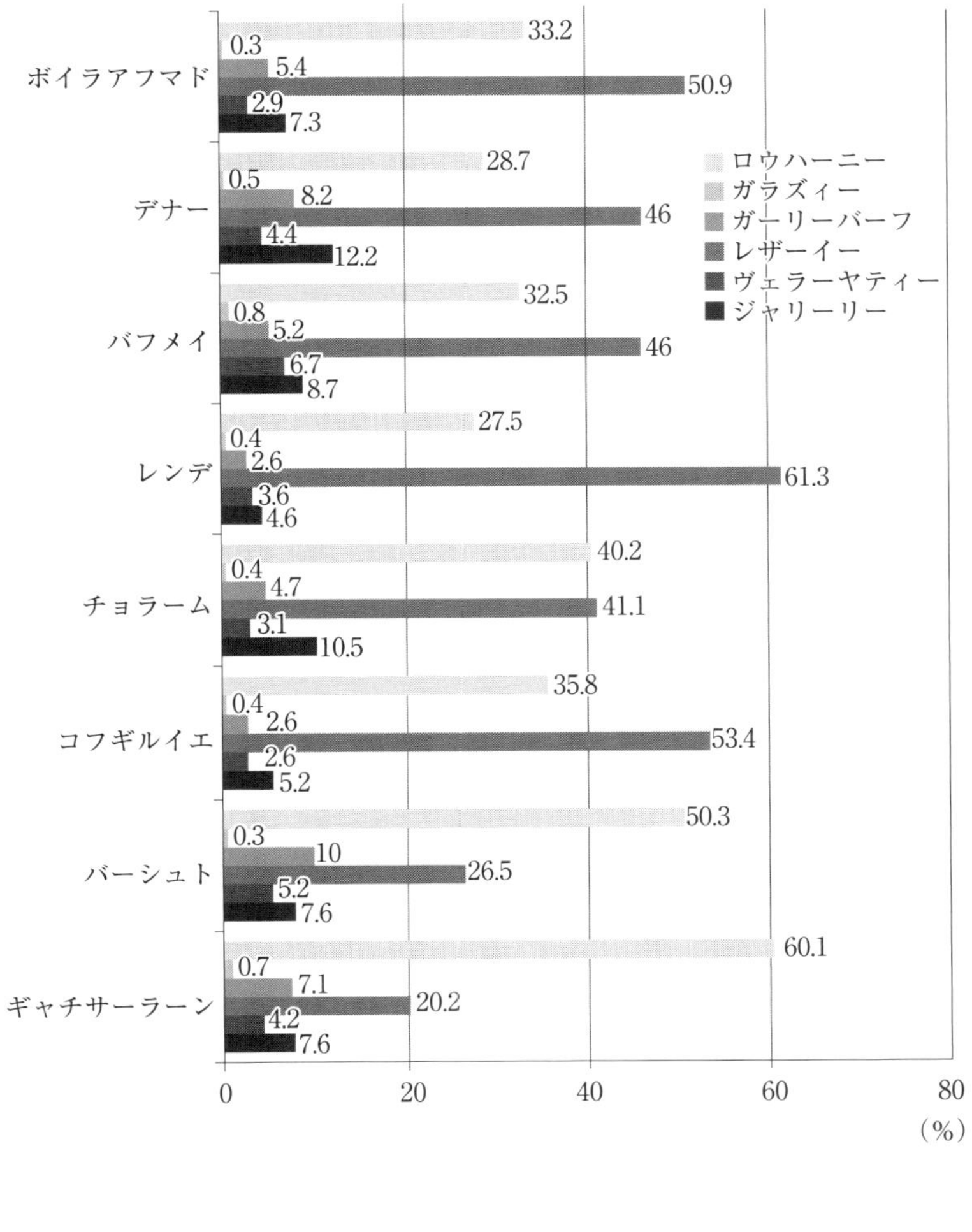

図 3-6　コフギルイエ・ヴァ・ボイラフマド州の郡ごとにおけるレザーイー候補とロウハーニー候補の得票率－ 2013 年イラン大統領選挙

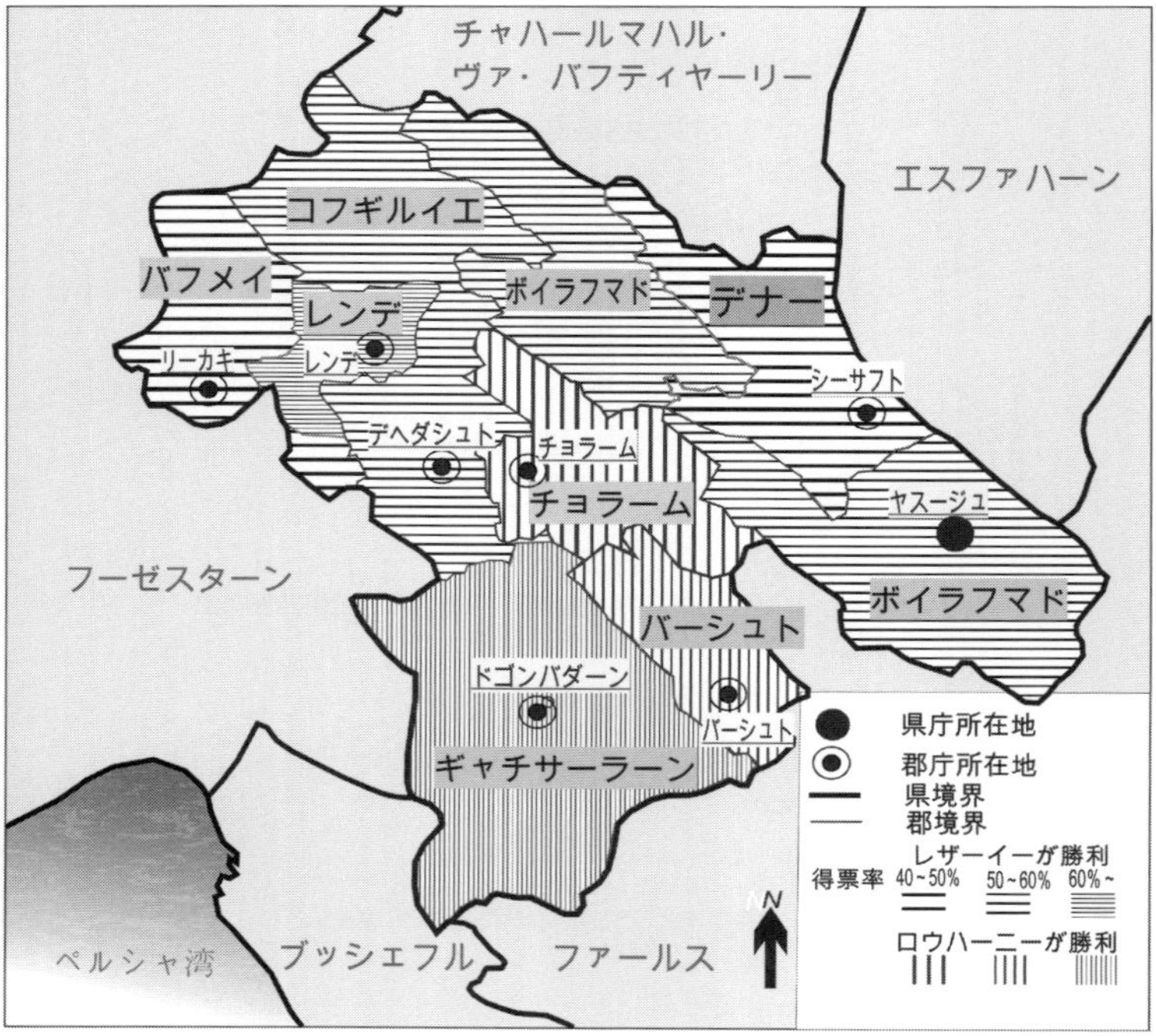

であるといわれるバーシュトバーヴィ族もロル・アイデンティティは他より希薄である。加えてギャチサーラーン郡のドゴンバダーンは、一九三六年にアングロ・ペルシア石油会社により石油採掘が開始されて以来、英国、インド、パキスタンおよびイラン全土からの移民を迎え入れ、部族文化とは異なる国際性をもつ都市として発展し、その影響を受けてギャチサーラーンとバーシュト二郡だけがこの地で開放的な傾向を持つ。

　これらの二郡の選挙結果の統計をみると、常に全国で最高レベルの改革派寄りの地域であり、コフギルイエ・ヴァ・ボイラフマド州にしては例外的に、第一回国会議会選挙以来常に改革派寄り議員が選出され、一九九七年以降の大統領選でも改革派・超改革派の候補者への投票率がテヘランより高い。

【コフギルイエ・ヴァ・ボイラフマド州と全国と共通する傾向】

ロウハーニーの予想外の強さ

今回の選挙で、コフギルイエ・ヴァ・ボイラフマド州ではレザーイー候補が勝利したが、同一民族意識による投票を除けば、全国の票の動きと同様、予想外にロウハーニーが強く（同州三九・一％、全国五二・五％、有効投票数に対する得票率）、第一次投票で無効票も含めた全投票数の半数以上（五〇・七％）を獲得したため、第一回投票で当選が確定した。全国どの地域でも有利な選挙戦を展開し、全三一州のうちの二八州で勝利した（図3－3参照）。有力候補と目されていた保守派のガーリーバーフ（同州五・四％、全国一七・一％）とジャリーリー（同州七・五％、全国一一・八％）の両候補の票は予想外に伸びなかった[34]。

この結果に対し主に五つの原因が挙げられる。

一、改革派の戦略上の勝利

戦略上、改革派は前回と前々回の選挙での失敗で学んだのか、世論でロウハーニーに負けていたアーレフ候補が投票日の四日前に出馬を辞退した。その結果、候補者を一人に絞ることができた。これとは逆に、保守派は候補者を絞れず六人の立候補者のうち五人が最後まで残り、票割れを招いた。この結果、保守派から見れば、ロウハーニーが三八・七％しか獲得できていないゴム州でも次点のジャリーリーと一五ポイント以上の差で一位となり、全国レベルで五〇%をわずかに上回る投票獲得率にもかかわらず、ロル部族意識の強い三州を除く全州でロウハーニーに勝利させてしまった。

二、テレビ討論会の影響力の増大

最高指導者直轄の機関であり、過去には保守派に傾倒した選挙放送で改革派から批判を受けていた国営放送による選挙放送が今までになく民主的に行われた[35]。三回のテレビ討論会は初めて生で放映され[36]、毎日のニュースでも保守派のジャリーリーがより視聴率が高い時間帯で映し出されることが多いという印象を除けば、特定の候補者への褒貶を一切行わなかった。

改革派の支持基盤は、保守派とは対照的に、コフギルイエ・ヴァ・ボイラフマド州に限らず組織立った団体に支えられているわけではない。ハータミーの大統領任期中は学生同盟[37]や計画・予算庁の役所という改革派の中心的支持組織があったが、アフマディネジャード大統領の就任直後これらの機関は事実上解散させられた。よって、ロウハーニーが組織票を多く獲得できたかどうかは疑問である。言い換えればロウハーニーを支持したのは浮動票とイデオロギーにより改革派に投票する個人票であり、浮動票は都市でも山岳地帯でもテレビを通してテレビ討論会で発揮された彼の弁論能力と大統領の風格を漂わせる視覚的魅力によって掻き集められたことになる。

もう一方で、保守派のガーリーバーフへの支持を下げた主なる原因もテレビ討論会と考えられる。同候補者は、メディアによっては選挙前まで最有力候補と扱われていたが、全国で一七・一%、コフギルイエ・ヴァ・ボイラフマド州では五・四%の票しか獲得できなかった。彼の事務的能力に対するテヘランでの高評価は地方に伝わらず、彼のテレビ討論での失敗がロウハーニーの勝利を確実にしてしまったともいえる。

三、二〇〇九年の選挙を繰り返さないための努力と前大統領アフマディネジャードの不人気による強い変革への要望

多くの死者を出した前回の大統領選挙の記憶は、「イラン人同士殺し合うような事態だけは避けなければならない」という教訓を新たに政府関係者に与えたようであった。反体制を訴えるデモが起きないように警戒体制をとる一方で、民衆の間に不満が募らないよう民主的な方法で選挙を行う努力がうかがえた。コフギルイエ・ヴァ・ボイラフマド州コフギルイエ郡の選挙管理委員会責任者の話でも、市町村議会選挙と対照的に大統領選は選挙違反の報告もなく、非常に速やかに行われたという。二〇〇九年の選挙と違い、投票と開票に疑わしい圧力がかかったという噂も聞こえてこなかった[38]。

同じ間違いを繰り返さないという気持ちは選挙人にもあった。二〇〇五年彗星のように実務派政治家として現れたアフマディネジャードの今回の選挙前の評判は、村落部を除けば驚くほど悪かった。主な原因は経済の停滞で、アフマディネジャードの大統領就任後強化された原子力計画に対する欧米による経済制裁で薬や機械部品などが不足し、石油輸出が停滞した。二〇〇八年からは原油価格の低下も加わり外貨が減少し、二〇一二年にはイランの通貨であるリヤールの対ドル為替レートが数ヵ月で二倍以上に跳ね上がる。すなわち、貨幣価値が急落を遂げた。さらに、二〇〇九年から開始した「補助金に目的を持たせる」[39]という名の補助金改正法が実施され、生活必需品の低価配給を廃止し、代りに全国民対象に生活補助金が

支給されインフレが拡大し、一般の人の不満が高まっていた。アフマディネジャードはインフラ整備に力をいれ村落地域にまで多くの開発計画を進めたが、企業家からは、予算不足で政府プロジェクトの多くが凍結あるいは支払いの遅延が起きている上に、大統領が専門家に頼らず独走するために行政組織が弱体化し、袖の下による契約が増えたなどの批判が聞かれた。

また、前大統領は、第二期の当初から保守派内部の激しい批判を受けていた。きっかけは、現イスラーム法学者による体制に批判的で、服装の選択・芸術の自由を唱えるエスファンディヤール・ラヒーム・マシャーイーの重職への登用であり、最高指導者を含む保守派内部の反対を押し切って行われ、最終的にはマシャーイー自身が最高指導者の意を尊重し辞任した[40]。この対立は二〇一一年の情報省大臣の解任をめぐり更に過熱し、最高指導者の解任無効措置に対抗し現職大統領が一一日間当庁拒否を行い保守派の分裂を公に晒した[41]。こうした内部対立後だけに、ガーリーバーフの実務的政治家かつ世俗的な保守派という政治スタイルは、保守派の統一支持を得るにはあまりに前大統領に似すぎていたといえる。

前回選挙で、開票の中間結果の傾向が突如変化し最高指導者の支持する前大統領が圧勝し、開票結果への当局の介入が疑われた状況に鑑みると、ロウハーニーがぎりぎりの数値（〇・七ポイントだけ半数を超える）で当選したのは、最高指導者もガーリーバーフよりはハータミー元大統領と類似するリベラルな宗教家であるロウハーニーを第一回選挙から選んだのではないかとさえ想像させる。

四、非組織的動員力

アフマディネジャードが大統領に就任すると、ハータミー元大統領の政府内の支持基盤であった計画・予算庁が解散され、各大学の学生同盟の活動が大幅に制限されたことは先述したが、それに加え、二〇〇九年の「緑の運動」にかかわった多くの政治運動家が海外に移住し、もともと組織として弱かった改革派がさらに弱体化したと選挙前は予想していた。しかしながら、今回の選挙ではイラン人の非組織的な個人ネットワークを基盤にした即効性のある動員力をあらためて見せつけられた。

二〇〇九年の緑の運動ではツイッターやフェースブックなどのインターネットを使ったソーシャル・メディアの役割が注目されたが、これ以外にも、個人個人が携帯電話のプリペイドのシムカードを使い捨て、当局の監視を逃れながら、知り合いにデモのための情報を流し、個人ネットワークの集積により大規模なデモが実現したと考えられ、イラン人のコミュニケーション能力には驚かされた。各個人が常に新しい知り合いを開拓し、その付き合いを継続および拡張しようとする。余所者を自らのコミュニティーに積極的に受け入れる「メフマーン・ナヴァーズィー（客の歓待）」の習慣はイランの伝統として知られているが、常に個人ネットワークを拡張させる手段でもある。

この客歓待の文化は遊牧民を元祖とすると言われ、コフギルイエ・ヴァ・ボイラフマド州では「お客は尊く、その足は目に入れても痛くない[42]」といい、初めて会った者でもすぐに家に迎え入れ、村落部ではそのまま何日でも滞在させ、帰りには土産を持たせる。どの家庭でも客を歓迎し、村の有力者の家では近所・親戚・知り合い、さらに見知らぬ旅人までが朝から晩まで絶え間なく訪ねて来る。言い方を変えれば、常に誰かと繫がっていようとし、一人で孤立していることを「エイベ（タブー）」という。客の多さは社会的地位のバロメーターであり、人との交流は人生の最高の喜びであると同時に、この拡大されたネットワークを使って、数家族を単位とする移動生活の中で生命や財産を自衛してきた。

ただし、携帯電話というテクノロジーが導入される前、郵便ポストもなく固定電話回線の敷設もままならぬ山岳地帯では、実際に会って話すことが個人・家族ネットワークを拡張できる唯一の手段であり、社会的に自由な移動を許された男性たちがその担い手であった。携帯電話の普及は、成人男性以外の者にも電波を通した独自ネットワークの開拓を可能にした。村落部でも年配の女性は日に何度となく結婚した娘や親戚・知り合いに電話を掛け、若者は英語の気に入った文書や詩の一節などを携帯電話のショートメッセージ機能を利用して一度に一〇〇人から一五〇人という知り合いに流す。そのため筆者の携帯もイランにいる間はドシュマンズイヤーリー族の知り合いからの無数のショートメッセージと頻繁なご挨拶電話で忙しくなる。一方地方都市ではスマートフォンがすでに普及していて、インターネトを通して連絡網が更に拡大・強化される。

テヘランなどの大都市では、部族地域のように見知らぬ訪問者を自宅に泊める習慣はないが、親族に加えご近所や仕事場の同僚、同級生・知り合いなど全方向外交に多くの時間と労力を費やす文化がある。新しいコミケーション技術の普及は、この拡大志向型ネットワークをさらに飛躍させ多様化すると同時にパッチワークのように個人ネットワークを繋げる作業を容易にした。このため、確固とした組織がなくても、頻繁なメッセージのやり取りで影響し合い、あたかも組織だった団体票のように何十万という人を動員させることができる。すなわち、イラン独自の拡大志向型人間関係とデジタル・コミュニケーション技術に支えられた非組織的高動員力がロウハーニーの当選に大きく貢献したと考えられる。

五、リベラルな候補の地盤の強さとそれを支える選挙実行・管理委員会の機構

改革派が選挙で比較的に強さを保てるもう一つの原因として、イランの選挙機構が挙げられる（図3-2参照）。選挙の総監督は監督者評議会という超保守派の機関の手にあり、候補者の資格審査で多くのリベラルな候補が落とされるが、実際に選挙管理委員または選挙実行委員として投票所の運営・管理を行うのは改革派が多い地元の教師たちである。

投票日当日にアーブリーズ村で二八歳の独身女性から、「投票所で誰に投票しようか迷っていたら、投票箱の係員が、まだ決まっていないならば、ロウハーニーに投票しなさい、といったのでロウハーニーに投票した」という話を聞いたが、これは改革派寄りの選挙実行委員が投票に影響を与えた一つの例である。末端の選挙実行・管理委員の政治傾向が直接投票に影響を及ぼすことは多くないだろうが、少なくとも対抗勢力の不正行為防止には役立っている考えられる。

5 部族ネットワークの機能とその変化——結語にかえて

元遊牧民地域に住む、いまだに部族としてのアイデンティティをもつ人々のネットワークがこの地域の高い投票率の鍵であると述べたが、本章の結びとしてこのネットワークの特質と今回の選挙で観察された変化について考察する。

【部族ネットワークの様相と機能】

部族長が徴税を行い自己の軍隊を持ち遊牧民を管理する部族の自治は一九六〇年代後半に崩壊し、その後も、部族の下位の単位である「タイェフェ（tayefe）」が遊牧地の共同使用単位として、または「オーラード（olād）」と呼ばれる父系直系の拡張家族グループが農地の共同所有・使用単位として共同資産の防衛・活用を行っていたが、教育普及と地方都市のインフラの整備により村落部から都市部へ人口が流出し、職業の多様化とともに経済資産の個人化が進む。二〇〇〇年頃から、警察が村落内の紛争にも介入し、その解決は裁判所に委ねられるようになり、部族グループのもつ自己審判・調停の機能も低下した。政治的・経済的役割が減少すると連帯力も弱まり、かつての所属部族グループ名を正確に知る若者はなくなった。

しかしながら、現在でも有力グループの後ろ盾なくして、個人のみで外部の圧力に対抗することはできない。ロルの部族社会には「我々の法は力である（Gānun-e imō zūre）」という社会理念が存続し、どんな職業についていても自己防衛するために親族・部族の繋がりを再生・強化する必要がある。親族・部族グループが強いから労働組合・政治活動団体・非営利保護団体などの他の団体が育たないのか、あるいは現体制下で後者の育成が阻まれて前者が未だに最強なのか、いずれにせよ、かつての遊牧民グループとは異なった親族・部族の連帯が社会生活を保障する。

例としては、商店や建築会社といった企業の労働者は、多くの場合、血族・親族である。強者は武力で略奪、弱者は夜盗で生活を凌ぐ伝統があった当地では、雇用主にも被雇用者にとっても近親こそが安全性の高い関係であり、親族関係が経済的連携として機能する。また、新たな高学歴エリートは、かつての部族連帯を利用して新たな政治・経済サークルを構築しようとする。例としては、コフギルイエ・ヴァ・ボイラフマド州で弱小部族であったドシュマンズィヤーリー族の一人が地方大学の教授になると、同部族出身の大卒の者が彼の周りに集まり、そのうちの一人は同大学の会計士として雇われ、この会計士の大卒でない兄弟や親戚は大学の警備員として雇われ、新たな部族サークルが出来上がる。

こうした親族・新部族関係においては、かつてのハーン制度のように階層構造を持った組織は形成されず、個人個人が核になったネットワークが基になる。選挙に際しては、この個人ネットワークがニューロンのように重なり広がり、多くの人を選挙運動へ、そして投票へと動員していく。

コフギルイエ・ヴァ・ボイラフマド州の地方都市で例外的に組織票を獲得できる団体がある。バスィージ（民兵）、革命防衛隊などの自警団・治安特別警察、加えて軍隊である。いずれも政治・経済的に現イスラーム体制に管理されている保守派の支持基盤である。これらの団体の機構と選挙における役割および部族ネットワークとの関係はこの地の選挙システムを知るのに重要な課題であるが、いずれも外国人研究者には近づきにくい。

個人のネットワークが核となりニューロンのように互いに接続しながら影響力を及ぼし合う関係は大都市においても存在するが、部族社会のように広くそして強く引き合うあるいは反発する親族連帯はない。大都市と比べた部族地域の選挙での特徴は次の二点にまとめられる。

一、日常生活で頻繁に行われる物資交換と人的交流により、投票に多くの影響を及ぼしうる人間関係が潜在的に出来上がっている。
二、親族・部族関係を理由により大きな動員力を発揮でき、市町村議会選挙と国会議員選挙では、各自の親族ネットワークを使うと同時に、新エリートを含めた各部族グループのリーダーの支持を獲得することで候補者は票集めする。よって、その支持基盤は比較的不安定で同一国会議員が二期（八年）

以上続けることは非常に稀であり、二代目議員も現在のところ現れていない。

コフギルイエ・ヴァ・ボイラフマド州の個人ネットワークの大きさは近年の結婚式の招待客の多さからわかる。小さな村落の比較的大規模な農業経営者の息子の結婚式には一五〇〇人以上の招待客が地方都市ヤスージュの大会場に集まった。この家族は比較的裕福であったが、地方都市で小さな魚屋を営むごく普通の家庭でも妹の結婚式に一〇〇〇人を招待した。

個人資産を親族にネットワーク上で分配する様子も結婚式で明らかになる。通常結婚式では全員が踊れる大ホールを用意し、楽団を呼び、招待客全員が大食堂で会食する。前述の農業経営者の息子の結婚式では、全費用を負担する新郎の父は都市に持っていた土地を手放した。近親者による新郎新婦への贈り物も非常に高価であり、通常は現金あるいは現金化が容易な金製のアクセサリーで、比較的裕福である前述農業経営者の息子の結婚では、高級官吏になった新婦の父が新車一台、銀行幹部になった新郎の叔父はアパート一軒の所有権をお祝いとして贈った。

普段の生活でも、村落部では農作物（果物・野菜・豆類）や採集物（山菜、ドングリ）の多くを、家庭での消費分を除けば親戚・縁者に配り販売に至らない。数ヘクタールのブドウ畑を銀行からの借入金で開拓しても、収穫の三〇％以上を親戚縁者に分配する。この分配を怠れば、妬みによる盗みや誹謗の対象になるからである。言い換えれば、親族縁者ネットワーク内に資産を分配し労働力を提供し、必要になったら物質的・人的援助を同ネットワークから回収するという相互扶助システムがある。これは、大都市に比べ、生活防衛のために個人・家族レベルでより多くの配慮を行っているからであり、直ぐに同盟者を集められる環境を整えている。そして、この動員力が、かつては部族闘争に、現在は選挙に発揮される。

コフギルイエ・ヴァ・ボイラフマド州の部族社会のもう一つの特徴として、個人ネットワークの組み合わせの柔軟性が挙げられる。かつて、夏営地で共同キャンプ行う家族の組み合わせが一夏の間でも変更したように、目的や状況によって個々のネットワークが多様な繋がり方をして、一組織として定着しない。例えば父系・母系の親族、娘・息子の婚族などを使い、その時々により共同放牧者あるいは争いにおける同盟者のメンバーの組み合わせが変わり、兄弟間の競合により近親グループの分裂も定期的に起こる。言い換えればこの地域の部族集団は繋がりやすく切れやすい性質を持つ。

上記の組織上の性質によって、一般にロル族社会は分節化された社会機構を持つと説明されてきた[43]。つまり、この社会ではそれぞれのネットワークの独立性が高く、競争・競合を好む文化によって、個人レベルでも集団レベルでもゲームをするように対立・同盟関係を作り上げていく。このため、外部の環境が変化すると、新たなゲームの条件が揃ったかの如く組み合わせを一新させ、対立が激しくなると両極への引力が高まるためか多くの者がそれぞれの陣営に集まる。国政選挙は新しい部族ゲームであり、多くの者を動員できる。ただし、各グループのライバル関係により固定した支持基盤を築くのは難しい。

ただし、この地域で例外的にまとまった票を集められる部族グループがある。一般のロルとは区別されるサーダート[44]である。預言者ムハンマドの子孫と称するサーダートは、一九六〇年代後半に行われた土地改革以前は部族のサブグループとして政治的にはロルのハーンの支配下にあったが、社会的・宗教的には他のグループから特別な敬意を払われてきた。サーダートはコフギルイエ・ヴァ・ボイラフマド州全体に点在し、統計は古くなるが一九六八年において、同州の部族人口の約一五%を占め[45]、地区によってその率は三〇％を超えていた。離れて居住してもサーダートであるという強い団結力に基づく組織票が期待でき、コフギルイエ郡ではサーダートのリーダーの支持を獲得できなければ国会議員選挙は勝てないと言われほどである。

【部族における新傾向】

今回の選挙では、若い女性たちが自分の意思で投票していたと先述したが、この一二年でアーブリーズのような辺鄙な村落でも女性が精神的に自立できる環境ができていた。

村落部でも女性の教育レベルの上昇は著しい。村でも中・高等教育を受ける時代になり、若い女性たちはラジオ・テレビのペルシア語ニュースを問題なく理解する。非識字の中年以上の女性たちも、テレビ電波が届くようになってからペルシア語力を向上させた。教育レベルに加え、コミュニケーション技術の発達による女性たちのネットワークと連帯の強化も女性の自律を促している。携帯電話の普及は、家庭から離れることがほとんどない女性間の情報伝達量と速度を著しく向上させ、女性の連帯強化により彼女らの家庭内での発言力も増した。かつてこの地域は「血が濃すぎる」と言いタブーであった母系のいとこ婚が、親族内の女性間の争いを最小限に留め、母系親族との絆を深めることを理由に近年頻繁に行われるようになったのは、女性の発言力拡大にともなう社会現象であると考えられる。女性の政治・外交力増加に対応し、今後のこの地方の選挙調査では女性ネットワークの役割と女性独自の投票傾向により注目する必要がでてきた。

過去と比べたもう一つの変化は、選挙管理・実行委員を務める教師たちの政治的傾向の変化である。

一九九四〜五年の調査時、村落部の小学校の教師は高校卒か短大卒であり中・高等学校は例外的にしか村落部に存在しなかった。小学校教師の中には革命後の教育政策の恩恵を受け無料で町の寮から学校に通い現職に至ったという者も少なくなく、最高指導者を信奉するという声が村でも町でもより強く聞こえてきた。二〇一二〜一三年調査では、どこの村落にも徒歩で通える距離に中学校ができ、大きな村落には高校も設置され、そこで働く教師の多くが改革派支持者であるという話が聞けた。一九九〇年代より教育省は教師の高学歴化を進め、現在までに新規採用教師は小学校でも大学四年卒、高校教員になると国立大四年卒か大学院卒となっている。つまり教師たちが就学のために地元社会から離れている期間も、大学という改革派の支持基盤と接触する期間も長くなった。彼らの政治的傾向が、今後選挙管理・実行委員として、また、教育者として子供たちにどう影響を及ぼすか注目される。

写真 1　アーブリーズ村の風景。ザグロス山脈にあり現在世帯数 20 軒。1995 年には 500 人以上の住人がいたが、現在は 100 人ほどになった。(2012/11/10)

写真 2　投票風景。仮設投票所である小学校の前でそろそろ村の男性の投票が終わりそうなので女性たちが少しずつ集まって来る。(2013/6/14、アーブリーズ村)

写真 3　投票直後に家族で選挙について語る。中央の男性が今回の村議員選で村長になる。(2013/6/14、アーブリーズ村)

写真 4　開票結果の郡管理部への転送を終えて、投票箱を抱えてこれから地方都市デヘダシュトに帰る投票所の関係者。(2013/6/14、アーブリーズ村)

写真 5　レザーイー候補（中央、帽子を被る）のコフギルイエ・ヴァ・ボイラフマド州州庁所在地ヤスージュでの選挙運動。候補者の周りを囲む記者や役人にロル族伝統の帽子コラーフを被る者はない。2013/6/1、モサラー会館

写真 6　コフギルイエ・ヴァ・ボイラフマド州の州庁所在地ヤースジュ近郊にある結婚式用会場、ターラール・バルート（ドングリホール）。大ホールと大食堂が一堂に集まり、４０００人以上が集まり踊るスペースのある大ホールが左手、1500 人分の食事の用意を一度にできる食堂が正面にある。2013/6/18

写真 7　ヤスージュの町の近郊にあるもう1つの結婚式会場スターシティ。大食堂の前に大テントを張って、1000 人以上の結婚式の招待客が周りに座り、囲まれた中で民族ダンスであるダストマール·バァージー（ハンカチ踊り）をする若い女性たち。美を競い、そして独身女性にとっては婚活の場である。(2013/5/30)

写真 8　30 年以上前に夏営地に定住したアーブリズの家族。70 歳を過ぎる祖母は携帯を持たないが、40 代後半の母（写真左、左手の携帯電話を眺める）は非識字だが、高校を卒業している娘（写真中央）の助けで、毎日 5 回以上、結婚して町に行った 2 人の娘のもとに携帯で電話をかける。(2013/6/8、チャールマールン)

註

1　本現地調査はテヘラン大学社会学部、ヤスージュ大学、遊牧民センター、遊牧民事業コフギルイエ・ヴァ・ボイラフマド州事務所、コフギルイエ・ヴァ・ボイラフマド州庁、コフギルイエ郡選挙管理委員会など多数の機関の協力と多数の部族の人々の援助があって実現した。

2　ボイラフマド、テイビ、バフメイ、バーシュト・ヴァ・バーヴイ、チョラーム、ドシュマンズィヤーリーがロル語系部族で、ガシュガーイー族の二グループであるダレシューリとキャシュクーリーがトルコ系語族である。

3　モハンマド・レザー・シャーが一九六二年から施行した改革。

4　ペルシア語では“ostān-e mahrūm”（貧困州）あるいは“mantaqe-ye mahrūm”（貧困地域）と呼ばれる。

5　一九七九年三月、イスラーム革命達成から二二日後に新政権の最高指導者であるホメイニーはエマーム・ホメイニー財団の創設を命じ、貧困者、寡婦、村落老人などの生活保護制度を確立し、同年六月には村落地域のインフラを整備するために村落建設聖戦隊 jahād-e sāzandegī-ye rūstāhā を創設し、革命の一年後には非識字撲滅運動組織 sāzmān-e nehzat-e savād-e amūzī が創設され学校のない村落地域に教育を普及させた。

6　州人口は一九六六年で一六万二二九、二〇一一年では六五万八六二九と四・一倍に跳ね上がり、同時期全国比二・九倍を大きく上回る。*Sālnāme-ye Āmārī-ye ostān-e Kohgiluye va Boirahmad* 1392, P. 75 , “2-1 Jam'iyat va motavaset-e rosht-e sālāne”

7　都市（shahr）の人口は二〇一一年の統計では三四万八七八三人で全州人口の五三%を占める。同上、P. 96, “2-7 Khānevade va Jam'iat-e shtahrestanhā bar hase-e sāken va gheyr-e sāken; ābān 1390”

8　1347(1968), *Jam'iyat va shenāsnāme-ye īlāt-e Kohgiluye*, Mo'asese-ye motāle'āt va tahqiqāt-e ejtemā'ī, p. 11、人口の遊牧率が当時一〇〇%に近かったガシュガーイ族を除く部族の統計で、遊牧率は五四%であった。

9　ウェブサイト Sait-e ostān-e Kohgiluye va Boirahmad の 2013/02/19（1391/12/01）の記事（http://k-b.ir/10682、最終アクセス 2016/11/30）。

10　*Sālnāme-ye Āmārī-ye ostān-e Kohgiluye va Boirahmad 1392*, P. 510, “15-2 Jam'iyat-e 6 sāle va bishtar va te'dād-e bāsavādān bar hasb-e jens va sen” 参照。この統計では六歳以上の人口で文字の読み書きできる者の数を記載する。

11　同上。P.115, “2-18 Ezdevāj va talāq-e sabt shode dar noqāt-e shahr va rūstāyi” 参照。二〇一二年の離婚数が発表されていないので二〇一二年の数値を使った。また、人口は二〇一二年の数値が発表されておらず、二〇一一年の統計を使った。

12　ペルシア語で *qānun-e entekhābāt-e riyāsat-e jomhurī-ye eslāmī-ye īrān*, 一九八五年制定、二〇一三年二月九日最終改定。

13 ペルシア語で *āīnnāme-ye ejrāyi-ye qānun-e entekhābāt-e riyāsat-e jomhurī.*

14 ペルシア語で *qānun-e nezārat-e shorā-ye negahbān bar entekhābāt-e riyāsat-e jomhurī*、一九八五年六月二五日承認。

15 イランに住民票というものは存在せず、農村地域から都市部への転居の制限もなく、転居に際し何の行政手続きもない。

16 ペルシア語では *shōrā-ye negahbān.*

17 ペルシア語では *heyāt-e markazī-ye nezārat.*

18 ペルシア語では *rayīs-e qove-ye qazāyi.*

19 ペルシア語では *majles-e khobregān-e rahbarī.*

20 www.asriran.com/fa/polis/archive/761 (最終アクセス 2013/12/10)

21 http://www.asriran.com/fa/polis/archive/757, http://www.asriran.com/fa/polis/archive/776（最終アクセス 2013/12/10) ただし、世論調査によって数値にかなりバラつきがあり、投票四日前に『ワシントンポスト』は一〇〇〇人以上に対する電話による世論調査の結果四七・七%の支持率でガーリーバーフが最有力候補だと伝えた。

22 ペルシア語では majma'-e tashkhīs-e maslahat-e nezām.

23 大統領選挙特別施行令の二七、二八条によれば、各投票所には、投票所の所長、副所長、三人の秘書（以上選挙実行委員)、一人の選挙管理委員、郡警察からの代表者一人、警察から選ばれた最低三人の警備員からなる合計一〇人以上の係官が配置され、加えて各候補者の代表者一人の立ち合いが許される。

24 General Packet Radio Services

25 Khabargozār-e dāneshjūyān-e irān:www.isna.ir/news/92032514691/ نتایج-نهایی-انتخابات-ریاست-جمهوری-روحانی-رئیس-جمهور-منتخب-مردم (最終アクセス 2013/12/18)、有権者五〇四八三一九二、投票数三六七〇四一五六票。

26 ただし、二〇〇九年の大統領選挙の統計は実際の状況と異なる可能性がある。

27 今回の選挙に限っては、内務省による州別有権者数および投票数の発表はなく、各州の地方紙に載った統計データをもとに計算する。Sait-e ostān-e Kohgiluye va Boirahmad: http://k-b.ir/30376 (最終アクセス 2013/12/18)

28 投票率は以下の文献の p. 821 を参照：ALAMDAR Esmaeil, RASTĪ Omran, AHMADĪ Abbās, 2017, “Olgu-ye fazāyi-e moshārekat dar entekhābāt-e riyāsat-e jomhurī (motāle'e-ye mōredī: dahomin va yāzdahomin entekhābāt-e riyāsat-e jomhurī ostān-e khorāsān-e junūbī”

29　Īlām-e bīdār: http://ilamebidar.ir/news/2825（最終アクセス 2016/9/30）
30　Khabargozār-e dāneshjūyān-e irān: http://shahrekordisna.ir/Default.aspx?NSID=5&SSLID=46&NID=13477（最終アクセス 2016/9/30）
31　Sait-e ostān-e Kohgiluye va Boirahmad : http://k-b.ir/34758（最終アクセス 2016/9/30）
32　二〇一〇年までの国政選挙におけるコフギルイエ・ヴァ・ボイラフマド州の結果の分析については、筆者の博士論文を参照。Evolution structuelle d'une société tribale du sud-ouest de l'Iran en conséquence de la modernisation politique, 2011, Ecole des Hautes Etudes en Sciences sociales, pp.431-446
33　二〇一三年の大統領選挙でも、有効投票数に対しロウハーニーの得票率が最も高かったのがシスターン・ヴァ・バルーチスターン州で七三・三%、次がコルデスターン州で七〇．八五%。
34　Khabargozār-e dāneshjūyān-e http://www.isna.ir/news/92032514691/ انتخابات-ریاست-جمهوری-روحانی-رئیس-جمهور-منتخب-مردم-نتایج-نهایی（最終アクセス 2016/9/30）
35　二〇〇九年大統領選挙における当局の候補者への不公平な扱いについては、以下の文献の pp252-53 を参照。GHEYTANCHI, Elham, 2010, "Symbols, Signs, and Slogans of the Demonstrations in Iran", in: Media, Power, and Politics in the Digital Age: the 2009 presidential election uprising in Iran, ed. by KAMALIPOUR, Yahya R.
36　このために大統領選挙法六四条が改定された。
37　ペルシア語で *Tahkīm-e vahdat*.
38　二〇〇九年大統領選挙での投票・開票における不透明な状況については以下の文献の pp.79-90 を参照。SALAMATIAN, Ahmad & DANIEL, Sara, *La révolte verte*.
39　ペルシア語では *hadafmand kardan-e yārāne/hadafmand sāzi-ye yārāne*、燃料や基本食料への補助金をやめ、市場値段に戻す代わりに国民一人一人に補助金を給付し、無駄な消費を削減させ効率性の向上を目指そうという計画である。結果的に光熱費およびガソリン代が四〜五倍に値上がりし、基本食糧の政府値段での配給制度が廃止された。国民一人の補助金は二〇一三年六月の通貨交換相場では約月額一二ドルで、予算不足により造幣も行われた。
40　二〇〇九年七月より息子の妻の父親であるマシャーイー（Esfandiyār Rahīm Mashāyi）を副大統領（moaven-e aval-e rayīs-e jomhurī）に任命する。
41　二〇一一年四月一七日の情報省大臣の解任を巡る最高指導者とアフマディネジャード当時大統領の間の亀裂が表面化

した後、二〇一二年には保守派新聞『ケイハーン』も大統領の政治批判を始める。

42 「Mehmun-e azīz piash ru-ye tia-me」という表現を使う。

43 Digard, Jean-pierre, 1982, « Une contribution équivoque du droit coutumier Baxtiyāri à la théorie de la sgmentarité », pp.167-168

44 一四世紀の文献『Tarikh-e gozideh』でサーダートの二グループが現地の部族に協力しロレスターンのアターベクハーンの勢力に対抗したとあり、一四～一七世紀にかけてサーダートのこの地への浸透が進んだと考えられる。(1992/1371, N. Majidi, *Tārikh va jografiyā-ye Kohgiluye va Boirahmad*, pp. 423-433).

45 テヘラン大学の研究チームが一九六六～七年に行ったコフギルイエ・ヴァ・ボイラフマド県の全部族の統計調査の結果をもとに計算した。Mo'assese-ye motāle'āt-e va tahqīqāt-e ejtemā'ī, 1968/1347, *Jam'iyat va shenāsnāme-ye īlāt-e Kohgiluye*, 460p.

第Ⅳ章

NGOの活動と役割

――脊髄損傷者を対象としたNGOを例に

細谷　幸子

イランでは、二〇〇四年に「総合的障害者権利支援法（qānūn-e jāmeʿ-ye hemāyat az hoqūq-e maʿlūlān）」が成立し、障害者の社会参加を基本的な人権の一つとしてとらえ、バリアフリー環境の整備や障害者の就労・就学環境の改善などにも積極的に取り組む政策がとられるようになった。近年では、障害者が中心となって、同じ障害をもつ仲間を支援する活動や、障害者の権利を守るための政策提言を行うアドヴォカシー活動が活発化している。また、家族・親族、近隣者からの支援や公的機関・団体が障害者のために提供するサービスで不足する部分を、障害者本人や家族、慈善家が設立したNGOが独自の活動で担うという状況もみられる。

NGOとはNon-Governmental Organization、すなわち非政府組織を意味する。たんに政府機関とは別の団体による公益活動に注目するなら、イランには古くから援助を必要とする人びとのために活動する民間の団体や地域のグループが多数存在していた。とくに医療や福祉の領域では、地域のモスクや宗教的な集まりを拠点とした慈善活動が、地域で暮らす人びとのセイフティ・ネットとして常に重要な役割を担ってきた[1]。本章でNGOとして扱うのは、こうした伝統的な慈善的活動を含みつつも、より世俗的な理念（たとえば人権の尊重）に従ってアプローチを決定するような、ハータミー大統領期に活発化した比較的新しい形の非政府組織である。

イランにおけるNGOのあり方は、ハータミー大統領期からアフマディーネジャード期を経て、大きな変化を経験した。ハータミー大統領下（一九九七〜二〇〇五年）の自由化政策のもと、一九九〇年代末から二〇〇〇年代初頭にかけて多くのNGOが設立され、活動を始めた。二〇〇五年には「非政府組織の設立と活動に関する施行規則（āyīn-nāme-ye tāʼsīs ī-ye va faʻʻāliyyat-e sāzmān-hā-ye gheir-e doulatī）」が国会議会で承認され、NGOの登録と監督に関する制度的基盤も整備されようとしていた。しかし、その後、アフマディネジャード大統領期に強い制約が課されるようになり、自由に活動できない時期が続いた[2]。

障害者関連のNGOの多くは、こうした変化を経てもなお存続し、粘り強く活動を継続している。したがって、その活動を分析することで、現在のイランにおける国家と市民社会について論じることができるかもしれない。しかし本章では、これまで日本においてイランの障害者関連のNGOに関する情報がほとんど紹介されてこなかったことに鑑み、イランの障害者の生活を支えるNGOの活動を素描し、その実践が障害をもつ者同士のネットワークを形作っている状況を具体的な事例から示したいと考えている。

「障害者」といっても、障害の種類や生活環境によって、それぞれ必要とされる支援や活動は異なっている。イラン国内で活動している障害者関連のNGOの多くは疾患や障害別に対象者を限定して活動している。そのすべてを網羅することはできないので、以下では筆者が実施したプロジェクトとの関連で十分な情報を得ることができた脊髄損傷者の支援に関連するＮＧＯに関して述べる。

現地調査は、テヘラン医科大学看護助産学部と国立エマーム・ホメイニー病院脳・脊髄神経研究センターと筆者との共同プロジェクトとして、二〇一四年一月から六月までの間に実施された。プロジェクトでは（１）一六人の脊髄損傷者の自宅訪問による生活実態調査[3]、（２）国立エマーム・ホメイニー病院に受診履歴があった中から無作為に抽出した脊髄損傷者で電話による質問に応じた六六人の生活実態調査[4]、（３）テヘラン、キャラジ、ガズヴィーン、エスファハーン、シーラーズ、ヴァラーミーンの六都市で訪問した二二の医療・福祉系ＮＧＯでのインタビュー調査を実施した。

本章ではＮＧＯの活動をサービス提供者の視点とサービスの受け手である障害者の視点の双方向から照射するため、まず（３）で訪問した二二のＮＧＯのうち脊髄損傷者に対する支援活動をしているＮＧＯの活動を紹介する。さらに、支援を受ける立場からＮＧＯの活動が脊髄損傷者の生活とどのように関わっているのかを示すために（１）の脊髄損傷者自宅訪問による生活実態調査と（２）のテレフォン・サーベイで得た情報を参照する。

第一節では、イランで脊髄損傷者として生活する人たちに関する基礎的な情報を提示し、第二節ではテヘランとその近郊で活動するＮＧＯのうち、脊髄損傷者を活動メンバーあるいは支援対象者として含む八団体を紹介する。続く三節では、脊髄損傷に関連する情報の共有と障害者同士のつながりに着目し、ＮＧＯの活動が彼らの生活を支えている状況を事例とともに示す。

1　イランの脊髄損傷者の生活

(1) 脊髄損傷とは[5]

脊髄とは、脊柱（背骨）の中を通って脳から身体の下方に伸びる、神経細胞と神経繊維からなる管状の器官で、脳とともに中枢神経を構成している。外傷等で脊髄を損傷すると、傷ついたところから下に運動麻痺と知覚障害が起こる。また、内臓障害、自律神経障害、排尿障害、排便障害も発生する。現在の医療では、中枢神経の再生は難しく、生じた機能障害の改善は期待できないとされる。しかし、残存機能を活かし、補助具などを使用することによって、障害レベルに応じた自立生活を送ることができる。

脊髄は部位ごとに上から八つの「頸髄」、一二の「胸髄」、五つの「腰髄」、五つの「仙髄」、一つの「尾髄」に分類されている。脊髄の損傷には完全損傷と不完全損傷がある。損傷の部位だけでなく損傷の程度によっても病態が異なるので、実際の状況は一人ひとり違うが、損傷した脊髄の位置で標準的な麻痺の範囲・状態と可能な日常生活動作が推定できる。

頸髄を損傷すると、四肢（手・腕と足・脚）と体幹の感覚・運動神経の麻痺が起こる。加えて、排泄機能、性機能、自律神経の調節機能が障害される。上位の頸髄を損傷した場合、呼吸に使われる筋肉が麻痺するため、人工呼吸器を装着することもある。胸髄、腰髄、仙髄、尾髄の損傷では、両下肢と骨盤内臓器の感覚・運動機能が障害される。脊髄損傷では、四肢あるいは下肢の麻痺だけでなく、循環・呼吸・消化・排泄の機能障害と運動・感覚麻痺に起因する肺炎や膀胱炎、血栓症、胃・十二指腸潰瘍、腸閉塞、床ずれといった様々な合併症や随伴症状が問題となる。

(2) イランの脊髄損傷者をめぐる状況

イラン全国の脊髄損傷者数を示す正確な統計資料はない。イランは交通事故の多い国で、国民の死因の第三位が交通事故を主とする不慮の事故である。さらに毎年約三〇万人が交通事故によって脊髄損傷を含む後遺障害を負うと推算する機関もある(UNICEF 2008)。テヘランの脊髄損傷の発生率を示した研究論文の数値に従って計算すると、筆者が調査を実施した二〇一四年におけるテヘラン州全域の脊髄損傷者数は約九六〇〇人だったと推測される。[6] 国家福祉機構が提示している別の情報によると、イランの脊髄損傷者の男女比は七:三で、七割が二〇代から四〇代の年齢区分に分類されていた。四肢に障害が残る頸髄損傷者が全体の二七・七%を占めていた。脊髄損傷の原因には脊髄腫瘍などの疾病もあるが、交通事故・転落・転倒・落下物による外傷で九割を超えていた。[7]

(3) イランで脊髄損傷者が受ける医療・福祉サービス[8]

脊髄損傷者の生活に関連する支援やサービスは、行政の区分において、医療と福祉の二領域に分類されている。事故直後から急性期を経て回復期に必要とされるのは専門的な医療サービスである。その後、身体の麻痺が一定の状態になる慢性期に入ってからは、合併症や随伴症状の予防や治療、リハビリテーションを行う医療とともに、生活を立て直し、社会復帰を可能にするための職業訓練や生活費の支援といった福祉サービスが重要になる。

イランでは、一九九五年に医療保険法が制定された。その後、徐々に医療保険の加入者数が増加し、現在では全国民の九割が何らかの医療保険に加入していると報告されている。医療保険による給付率と給付対象は、加入している保険の種類と受診する病院、疾患の種類、薬剤・検査・医療技術の種類などで異なってくる。保険や各種手当てが適用されれば、薬剤費や臨床検査費などを含め一〇〜三〇％の自己負担で、外来受診から外科手術、入院治療までを受けることができる。だが、イランでは保険適用外医療の範囲が広く、総合的に見ると医療費の自己負担割合は五〇％を超えるとの指摘がある（ZARE et al. 2014: 2）。

イランには、救急搬送時の救命処置から急性期の治療を経て慢性期のリハビリテーションにつながる脊髄損傷者のためのプログラムが存在していない。また、脊髄損傷専門のリハビリテーション病院もない。そのため、急性期を過ぎると、患者は十分な指導やリハビリテーションを受けずに自宅に帰ることになる。こうした状況下では、本人も家族も、脊髄損傷によって起こった身体の変化と対処法について、ほとんど知識をもたないまま、試行錯誤の中で自宅での生活を組み立て直さなければならない。そのため、排泄の方法や身体を移動させる方法、補助具の使用方法を習得すれば自立した生活が送れる身体状態にもかかわらず、数年経っても寝たきりで外出もしないという生活をしている人が少なくない実態がある。

一方、現在イランで成人の脊髄損傷者が受けられる公的な福祉サービスの提供団体・機関としては、以下の四つがあげられる[9]。一つ目は国家福祉機構で、障害者カードの交付、リハビリテーション、生活支援、自立支援、障害の予防に関する事業を実施している。二つ目は被抑圧者・イスラーム献身者財団で、イラン・イラク戦争で障害を負った兵士とその家族を対象として、支援プログラムを展開している。三つ目は貧困者の生活扶助を行っているエマーム・ホメイニー救済委員会で、生活困窮状態にある障害者を支援している。四つ目はイラン赤新月社で、補助具の提供とそれを使ったリハビリテーションの指導を行っている。脊髄損傷者が社会復帰を目指すには、生活費の保障や生活に不可欠な補助具の支給、職業訓練や雇用支援など、さまざまな援助が必要である。さらに、社会復帰の障害となる社会の偏見や差別に対して障害者側の主張を投げかけていく活動も必要だろう。しかし、上記の公的機関が提供するサービスだけでは、これら脊髄損傷者のニーズに応えきれない。イランでは、その不足する部分を関連するNGOの活動が担っている。

2　脊髄損傷者に関連する活動を行うNGO

筆者は二〇一四年の調査で、テヘラン、キャラジ、ガズヴィーンにある脊髄損傷者の支援に関わる一〇のNGOを訪問し、中心的な役割を担うメンバーにインタビューを実施した。訪問した一〇のNGOは、インターネットの検索でリストアップしたテヘランと近隣州の福祉NGOの中から、特に脊髄損傷者の支援活動を展開しているとして、脊髄損傷者、医療機関、他のNGOの推薦を受けた団体である（表1参照）。

以下では、訪問したNGOのうち次の二つを除く八つの団体について、二〇一四年の調査時に確認された活動を紹介したい。日本のNPOナァナー（ミントの会）は、外国のNGOの活動が制限されているイラン国内で登録されている唯一の日本の団体だが、日本語の「ミントの会」ホームページなどで詳細情報を得ることができる。また、殉教者・献身者財団脊髄損傷センターはインタビューによる調査が困難であった。そのため、この二つのNGOに関しては表1に基礎情報を記したのみで、本章では詳しく触れてい

表１　脊髄損傷者の支援に関わるNGO

	NGOの名称	活動場所	設立年	主な活動	会員／サービス受領者	広報活動のツール	サービスのアクセ
1	キャハリーザク慈善ケアセンター	テヘラン キャラジ	1976	入所介護 外来リハビリテーション 訪問リハビリテーション	高齢者 身体障害者 知的障害者	季刊誌 インターネット ラジオ ＴＶ 空港、駅、バス停などの募金箱	国家福祉構の紹介 個人から紹介 個人での申請
2(1)	イラン脊髄損傷協会	テヘラン	2006	車椅子提供 通所リハビリテーション 経済的支援 教育プログラム バリアフリー環境整備	脊髄損傷者	季刊誌 インターネット 小冊子	個人から紹介
2(2)	テヘラン脊髄損傷協会	テヘラン	2000	車椅子提供 医療支援 経済的支援 教育プログラム	脊髄損傷者	季刊誌 インターネット 小冊子	個人から紹介
3	脊髄損傷障害者・献身者協会	ガズヴィーン	2001	訪問リハビリテーション	脊髄損傷者	なし	連携病院らの紹介
4	バーヴァル	テヘラン	2004	アドヴォカシー 教育プログラム 啓蒙プログラム	団体の理念に賛同した者は誰でも	インターネット 小冊子 書籍	個人から紹介
5	ネダー	テヘラン	2005	政策提言 教育プログラム 就労支援 結婚支援 バリアフリー環境整備	身体障害者	インターネット 小冊子	個人から紹介
6	ラアド	テヘラン	1984	通所リハビリテーション 職業訓練 就労支援 教育（大学教育も可能）	身体障害者	季刊誌 インターネット 小冊子	個人から紹介
7	タヴァーナー	ガズヴィーン	1994	アドヴォカシー 職業訓練 通所リハビリテーション 教育プログラム 結婚支援	身体障害者	季刊誌 インターネット	医師から紹介 個人から紹介
8	ナアナー（ミントの会）	キャラジ	2010	訪問看護 訪問リハビリテーション 教育プログラム バリアフリー環境整備	脊髄損傷者 身体障害者	インターネット 小冊子	個人から紹介
9	殉教者・献身者財団脊髄損傷センター	テヘラン	1994	教育プログラム 就労支援 結婚支援 バリアフリー環境整備	傷痍軍人の脊髄損傷者	インターネット	殉教者・身者財団の登録

ない。

【1 キャハリーザク慈善ケアセンター】

テヘラン南部とキャラジに高齢者と身体障害者のための入所施設、リハビリテーション・センター、デイケア・センター、訪問医療・看護サービス事務局を備えた大きなNGOである。キャハリーザクはイラン革命前に設立された慈善団体が運営する福祉施設の複合体で、常に新しい取り組みを導入する福祉界のパイオニアとして知られてきた。障害者だけでなく高齢者も対象としたさまざまな活動を展開しており、そのすべてを記すことはできないので、ここでは脊髄損傷に関連するサービスに限って紹介したい[10]。

キャハリーザクは慈善的精神に基づいて創設された施設で、活動資金は一般からの寄付金に拠っている。二〇一四年の時点では、キャハリーザクの入所施設に若年の身体障害者の棟があり、面倒をみてくれる家族がいない経済的に困窮した脊髄損傷者が、無料あるいは僅かの費用負担でスタッフの介助を受けながら棟内で生活していた。また、近隣地区に住む脊髄損傷者はキャハリーザクの送迎サービスで自宅からデイケアやリハビリテーション・センターに通い、理学療法や作業療法、職業訓練を受けていた。

さらに、自宅から外出することが難しい脊髄損傷者に対しては、訪問による医療・看護サービスが提供されていた。テヘランのキャハリーザクの訪問医療・看護部門には、五歳から九〇歳まで、医療保険をもたないアフガン人も含む五二五人の脊髄損傷者が登録されており、必要に応じてセンターから医療チームが自宅を訪問し、サービスを提供していた。

郵便はがき

料金受取人払郵便

神田局
承認

8080

差出有効期間
2020年1月
31日まで

切手を貼らずに
お出し下さい。

101-8796

537

【受取人】

東京都千代田区外神田6-9-5

株式会社 明石書店 読者通信係 行

お買い上げ、ありがとうございました。
今後の出版物の参考といたしたく、ご記入、ご投函いただければ幸いに存じます。

ふりがな お名前	年齢	性別

ご住所 〒 -

TEL ( ) FAX ( )

メールアドレス	ご職業（または学校名）

＊図書目録のご希望	＊ジャンル別などのご案内（不定期）のご希望
□ある □ない	□ある：ジャンル（ □ない

書籍のタイトル

◆本書を何でお知りになりましたか？

□新聞・雑誌の広告…掲載紙誌名［ ］
□書評・紹介記事……掲載紙誌名［ ］
□店頭で □知人のすすめ □弊社からの案内 □弊社ホームページ
□ネット書店［ ］ □その他［ ］

◆本書についてのご意見・ご感想

■定　価 □安い（満足） □ほどほど □高い（不満）
■カバーデザイン □良い □ふつう □悪い・ふさわしくない
■内　容 □良い □ふつう □期待はずれ
■その他お気づきの点、ご質問、ご感想など、ご自由にお書き下さい。

◆本書をお買い上げの書店

［ 市・区・町・村 書店 店］

◆今後どのような書籍をお望みですか？

今関心をお持ちのテーマ・人・ジャンル、また翻訳希望の本など、何でもお書き下さい。

◆ご購読紙 (1)朝日 (2)読売 (3)毎日 (4)日経 (5)その他［ 新聞］
◆定期ご購読の雑誌［ ］

ご協力ありがとうございました。

ご意見などを弊社ホームページなどでご紹介させていただくことがあります。 □諾 □否

◆ご 注 文 書◆ このハガキで弊社刊行物をご注文いただけます。

□ご指定の書店でお受取り……下欄に書店名と所在地域、わかれば電話番号をご記入下さい。
□代金引換郵便にてお受取り…送料＋手数料として300円かかります（表記ご住所宛のみ）。

書名	冊
書名	冊

指定の書店・支店名	書店の所在地域　都・道 府・県　市・区 町・村
	書店の電話番号 （ ）

【2（1）テヘラン脊髄損傷協会、（2）イラン脊髄損傷協会】

テヘラン脊髄損傷協会とイラン脊髄損傷協会は異なる団体だが、いずれも脊髄損傷者が中心となり、テヘランを拠点として同じ障害をもつ人々の支援に特化した活動を展開しているNGOである。二〇一四年の時点では、両協会とも寄付金や政府助成金などを資金源とし、テヘラン市や国家福祉機構といった行政機関と連携して脊髄損傷者特有の問題に直接的にアプローチする活動を展開していた。脊髄損傷者はどちらのNGOからも情報や支援を受けることができるが、紹介されたきっかけや居住地によって、どちらかの団体を選択していたようだ。

両協会とも、【1】のキャハリーザクに比較すると規模が小さい団体である。拠点となっている事務局も小さく、通所リハビリテーションや職業訓練などに必要な機器の導入も十分ではなかった。しかし、個々の脊髄損傷者が必要とする支援を提供するという点で、この二つのNGOは脊髄損傷者にとってなくてはならない存在と認識されていた。それぞれのサイトには脊髄損傷に関する詳しい情報が掲載され、セルフケア・マニュアルの冊子配布も行い、障害を負った本人と家族が参照できるような配慮がされていた。障害者の権利に関連した法律に対する意見書を提出するといったアドヴォカシー活動や脊髄損傷者同士のネットワークづくりも、二つのNGOの重要な役割だと考えられた。

だが、脊髄損傷に特化した団体として彼らが重視していたのは、より専門的なサービスの提供だろう。たとえば、テヘラン脊髄損傷協会にはボランティアで働く医師や看護師がいて、週に1回診察を行い、床ずれの洗浄や包帯交換を実施していた。また、車椅子への安全な移乗方法や感染しにくい導尿の仕方、床ずれを予防するための除圧法など、日々の生活の中で役に立つ具体的な情報を提供することで、脊髄損傷者のニーズに応えていた。

【3 脊髄損傷障害者・献身者協会】

ポリオ後症候群による身体障害をもつ女性が二〇〇一年にガズヴィーン州に立ち上げた小さなNGOで、対象者を脊髄損傷者に限定し、ガズヴィーンの国立病院と連携したリハビリテーションと生活支援を行っていた。このNGOの特徴の一つは、脊髄を損傷した直後の急性期から退院後の在宅生活までの支援を継続的に行っていたところにある。もう一つの特徴は、活動メンバーにイラン・イラク戦争で受傷した傷痍軍人を加え、彼らがピア・カウンセリング（同じ障害をもつ者が対等な立場で相談にのる手法）を担当する支援法を採用していた点である。

広報活動やインターネットでの情報発信をしていないNGOだが、脊髄損傷者を対象としたNGO関係者にはよく知られていた。受傷直後からメンバーが病院に出向いて対象者と人間関係を構築し、脊髄損傷者が最も支援を必要とする時期、すなわち自宅に帰り、不自由な身体での生活を立て直していくときに重点的に支援する方法論は高く評価されていた。その他にも、受傷後に起る家族関係の変化（離婚など）に対応できるよう、専門の弁護士を雇って法的支援も行っていた。筆者が訪問した二〇一四年には設立から一三年を迎え、支援を受けた若年の脊髄損傷者の中には医師や弁護士になった人もいるということだった。

【4 バーヴァル】

障害者が健常者と平等な社会参加の機会を得られるよう、障害者の権利を求めるアドヴォカシー活動を中心に行っているNGOである。活動の理念は、活動資金の調達方法に現れていた。これまで、イランの障害者支援団体のほとんどは慈善家が運営する団体で、そこには「慈善家＝助けてあげる人」、「障害者＝助けてもらう人」という不平等な関係性の構図があった。バーヴァルの活動はこの構図から抜け出したいという動機から始まったため、慈善家からの寄付金集めはしないという方針をもっていた。

団体名のバーヴァル bāvar とは、ペルシア語で「信じること」を意味する単語で、この会の活動方針を「信じる」人なら、障害者当人だけでなく、だれでも参加できるという意味合いを含んでいる。二〇一四年時点では、身体障害者に関連する分野に限ってアドヴォカシー活動を展開していた。ここでいう「身体障害」というカテゴリーは肢体不自由、視覚障害、聴覚障害を指し、心臓や腎臓など臓器の機能障害を指す内部障害は含まれていない。中心メンバーには脊髄損傷者もおり、他の脊髄損傷関連の団体とも繋がっていた。

二〇〇四年に設立されたバーヴァルの活動は主に次の三つに集約されるということだった。一つ目に、障害が障害をもつ個人の能力や社会活動を低下・縮小させるものだという社会通念をなくすために、広く社会に向けて教育活動や広報活動を行う。二つ目に、障害者のエンパワメントを目的とした教育プログラムを提供する。そして三つ目に、障害者の権利を守るためのアドヴォカシー活動を行う。

視覚障害者であるリーダーの男性は、イランの最高学府といわれるテヘラン大学の出身者で、二〇〇四年に国会で承認された「総合的障害者権利支援法」の検討委員を務めた経歴がある。そのため、ロビー活動を重視する方針を取っていた。筆者が訪問した二〇一四年の一月には、視覚障害者、聴覚障害者は国会議員になれないという法文を差別的だとし、その改正を求めて奔走しているということだった。

【5 ネダー】

ネダー nedā とはペルシア語で「声」を意味する語で、このNGOの正式名称は「イランの障害者の声協会」である。イラン革命前から活動していた障害者団体だったが、二〇〇五年に団体名をネダーと改称して活動を再開した。活動資金としては、一般からの寄付金の他に政府からの補助金も得ていた。理事会のメンバー一七人のうち、一三人が運動障害をもつ障害者だった。

活動の内容として、身体障害者（脊髄損傷者を含む）を対象とした教育プログラム提供、就労支援、結婚支援の他に、政策提言、バリアフリー環境整備への助言などが挙げられる。近年は、特にバリアフリー環境整備のための活動に力を入れているということだった。たとえば、テヘラン市議会のバリアフリー環境検討委員会にメンバーを送り込む、あるいは車椅子での移動を困難にする段差や通りの障害物を写真・ビデオで撮影し、テヘラン市役所の担当部署に提出して改善を要求するといった地道な活動である。

ネダーの活動の根本には、障害者が自信をもって社会に出て行ける環境を作るという理念がある。そのために、バリアフリー環境の整備や就労支援だけでなく、障害者の教育プログラムで障害者の人権問題を扱い、本人たちが自信をもって生活することの重要さを教えていた。また、障害をもつ男女が出会える会合を企画して、結婚支援も行っていた。イスラームを信仰する者にとって、結婚は善行の一つである。結婚して家庭をもつことは、一人前として扱われる重要な要素でもあるため、障害者にとっては重要な支援だということだった。

【6 ラアド】

ペルシア語で「雷」という意味の語ラアドra'dを団体名としているこのNGOは、一九八四年に設立された慈善団体で、一般からの寄付金を財源として、全国の一八の支部で障害者支援活動を展開していた。筆者の訪問時（二〇一二・二〇一四年）、テヘランのセンターでは主に身体障害者の職業教育を行っていた。ラアドには、宿泊・入所のための設備はなかったが、総数で約二〇〇人の身体障害者（一四歳から四〇歳代）がセンターに通い、理学療法や作業療法によるリハビリテーションだけでなく、音楽や絵画、造形、コンピュータ、経理といった種々の学習コースに参加して勉強していた。提供されるサービスはすべて無料とされていた。

ラアドの一部のコースは国から教育機関としての認可を受けており、高校卒業資格と大学卒業資格が取得できる仕組みになっていた。身体障害をもつ学生の中には、一般の大学に合格したものの、大学のキャンパスや通学路がバリアフリーではないという理由で通学が難しくなり、中途退学を余儀なくされる人が少なくない。一般の大学にバリアフリー環境を導入するには、費用も時間もかかる。しかし、ラアドの建物は設立時からバリアフリーになっている。それなら、ラアドの建物の中に大学や高校の学位や卒業資格が取れるコースを作ってしまえばいいのではないかと発想を転換して始めた試みということだった。

公式な卒業資格が得られる教育コースは、学歴を重視するイラン社会で脊髄損傷者の就職にも有利な条件を作り出していた。テヘランのラアドは、対象者が就職するまでサポートするという目標を掲げて就労支援に力を入れており、二〇一四年には教育コースを受講した身体障害者の約二五％が仕事を得てサービスを終了していた。イランでは若者の失業率が高く、障害者が職を得るのは困難な状況があることを考慮すると、ラアドのプログラムは大きな成果を上げていると言っても間違いではないだろう。

【7 タヴァーナー】

「有能な」「強い」という意味のペルシャア語 tavānā を団体名とし、障害者自身が中心となって、「障害者は能力を欠く弱い存在」だという社会の偏見に立ち向かうための活動を展開しているNGOがタヴァーナーである。障害者が障害者の権利を求めてグループで活動できる場を創設することを目的として、テヘラン州の隣州であるガズヴィーンで一九九五年に設立された。二〇一四年の時点では活動を身体障害者の権利擁護に限っており、中核メンバーには脊髄損傷者がいた。職業訓練や障害者スポーツに力を入れているが、「総合的障害者権利支援法」の改正案の素案を作成して国議会に持参する、障害をもつ子どもの権利を求めるキャンペーンをするなど、アドヴォカシー活動にも本格的に関わっていた。

タヴァーナーの活動を個性的にしていたのは、活動資金の調達方法である。イランは慈善活動が盛んな国で、障害者自身が活動の中心となっている団体も、ほとんどが活動資金を慈善目的の寄付金で賄っている。しかしタヴァーナーでは、【4】のバーヴァル同様、寄付する側と寄付される側の間に不平等な関係性を作り出してしまう慈善を目的とした寄付金では活動しない方針をとっていた。寄付金の代わりに、三〇〇〇人にのぼる会員からの会費、季刊誌に掲載する企業の広告料、無利子の貸付基金（qarz-ol-hasane）や一八〇人の障害者が働く作業所（車の部品や雑貨等を製作）の収益が活動資金となっていた。

重要なプログラムの一つに、ネダーと同様の身体障害者の結婚支援があった。タヴァーナーは、結婚相手探しの支援や、結婚にともなって必要となる費用の支援を行うだけでなく、結婚した障害者のカップルにバリアフリーの住みやすい住居を提供していた。このプログラムを通じて、二〇一四年三月までに一八〇人が結婚し、二五〇戸の住居が建てられた。家族間の結びつきが強く、障害をもつ子どもや若者が過剰に庇護されてしまう傾向があるイランにおいて、これは身体障害者が独立して生活する権利を認めようとする重要な活動であった。

3 脊髄損傷者を支えるＮＧＯの役割

（1）脊髄損傷者の引きこもり

以上、脊髄損傷者の支援に関わる八つのＮＧＯを紹介した。その活動内容からは、障害者が直面する個別の問題への対処から国の政策への提言、さらには障害者の権利を考える上で問題となる活動資金集めの方法を刷新する動きまで、異なる次元の活動が広がっている様子がみえる。これらのＮＧＯでは障害をもつ人たち自身が中核的存在として活躍していた。だが、社会貢献活動に従事するこうした障害者がいる一方で、筆者の研究チームが実施した一六人の脊髄損傷者の自宅訪問による生活実態調査からは、ひきこもり状態にある脊髄損傷者が少なくない実態がみえてきた[11]。

テヘランの一般的な家屋には、段差や階段が多い。歩行が難しい脊髄損傷者にとっては、住居がマンション形式の集合住宅でも、居住スペースとシャワー・トイレの間に中庭があるイラン式住居でも、他人の助けがなければ外出はおろか、屋内でも一人では移動できない環境である。筆者が生活実態調査のために自宅を訪問した脊髄損傷者一六人中四人が、脊髄の損傷部位から判断すると車椅子を使用して十分に自立した生活が送れる身体状況であるにも関わらず、自室からほとんど出ない生活をしていた。

住環境だけでなく、移動手段にも問題がある。イランでは、車椅子利用者が運転できる自動車、あるいは車椅子ごと乗車できる福祉車が普及していない。前節で紹介したNGOの中には、リハビリテーションや職業教育の設備を備えたところもあったが、これらNGOの共通した課題の一つに、車椅子の送迎車が少ないという状況があった。そのため、重量がある電動車椅子を使用している者やテヘランの市街地から遠く離れた場所に居住する者は送迎サービスを受けられず、リハビリテーションや職業教育のクラスに通うことができずにいた。

さらに、脊髄損傷者のひきこもりの原因は、情報へのアクセシビリティとも関わっている。前述したように、脊髄損傷者は事故直後の急性期を過ぎると十分な指導やリハビリテーションがなく自宅に帰るので、当人と家族は脊髄損傷と共に生きるためのノウハウについて自ら情報収集をしなければならない。前節で紹介したNGOとうまくつながることができれば、早い段階から必要な情報に触れることができる。しかし、これらのNGOに関する情報にさえアクセスできない人もいる。脊髄損傷者によく見られる合併症や随伴症状生活の中で起こりやすいトラブルなどに関して必要な情報が入手できないと、日々の生活で直面する問題に対応できずに自信をなくしてしまい、さらにひきこもりがちになるという悪循環に陥ってしまう。

上記NGOの基礎情報を示した表1（120頁）にある「サービスへのアクセス」の欄をご覧いただきたい。これは、どのようにして脊髄損傷者が当該NGOのサービスに繋がるのか、あるいは逆にNGO側がどのようにサービスを必要とする脊髄損傷者をみつけるのかを示している。医療施設と連携し、受診した脊髄損傷者のすべてと連絡をとっていたのはガズヴィーンの脊髄損傷障害者・献身者協会のみで、その他の団体は、個人的な紹介と脊髄損傷者側からのアプローチによってサービスへのアクセスがなされていた。換言すれば、脊髄損傷者とその家族は、自ら情報収集をしてこれらのNGOに連絡をとらなければ、必要な情報やサービスにつながることができない状況にあった。

交通事故で頸随損傷を負った二〇歳の男性Nさんは、七ヵ月前、幹線道路を横断しようとしてひき逃げに遭った。自宅で母親が献身的にNさんの面倒を見ていたが、寝たきりの生活のため身体の数ヵ所に深い床ずれができてしまった。大きな床ずれは、悪化すると命に関わることもあり、早急に対処しなければならない。しかし、Nさんはテヘランの中心部から遠く離れた村落に居住しており、病院に通うことが難しかった。また、国家福祉機構の支援も届いておらず、脊髄損傷者を対象としたNGOの情報ももたずにいた。

心配した母親の友人の友人という人が、テヘラン脊髄損傷協会のサイトをみつけ電話をしたことで、Nさんの状況は一変した。テヘラン脊髄損傷協会は、Nさん宅を訪問し床ずれのケアをする支援が不可欠と考えた。だが、テヘラン中心部から車で一時間半ほどかかるNさんの居住村まで医師または看護師を定期的に送るのは、経済的にも時間的にも難しかった。そこで協会はNさん宅に近い地域に居住する慈善家と連絡をとり、栄養価の高い食物を定期的に届けてもらうことにした。Nさんの栄養状態を良好に保つことで、床ずれの改善を図ろうと考えたのである。この方策が功を奏し、筆者がNさん宅を訪問した時は、すでに床ずれは治りかけていた。

Nさんと家族は日常的にインターネットを利用しておらず、親戚や友人に医療関係者や脊髄損傷者がいなかった。もし、Nさんの母親の友人の友人がインターネットでテヘラン脊髄損傷者協会を見つけなければ、あるいは協会に電話で連絡することがなければ、Nさんと母親は地理的にも情報の上でも孤立した状態にとどまっていたかもしれない。

（2）情報収集の手段

Nさんの事例が示すように、インターネットを通した情報発信は、障害者が必要とする情報を提供する重要なリソースである。イラン国内でインターネットが普及してからは、障害者個人やグループ・団体が、個人のブログや関連する団体のサイト、あるいはYouTubeなどの動画サイトを使って、障害者の生活に関連する情報を発信するようになっている。

だが一方で、インターネットにアクセスできるデバイスを入手し、Wi-Fiの契約金を支払い、自らインターネット上の情報を検索することが難しい障害者も存在する。Nさんのように、インターネットにアクセスできる環境がない、あるいはメッセンジャー・アプリなどで有用な情報を与えてくれる人的リソースをもたない人は、支援を受けることができない状況に陥ってしまう。

筆者らの調査チームはテヘラン国立エマーム・ホメイニー病院に受診記録があった脊髄損傷者六六人に電話をかけ、脊髄損傷者に必要な情報をどこから得ているかについて質問をした（複数回答）。図1（132頁）にその結果を示した。最も多い二二人が「病院・クリニック」と答え、「NGO」「インターネット」からの情報収集がそれぞれ一三人、「友人」が一二人となっている。しかし、二番目に多い一七人が「何もない（hīch）」と回答している。これは、どこにもアクセスしていない状況か、あるいは連絡はとってみたが有用な情報を得たという実感がもてなかったという状況を示している。

対象者六六人の教育水準は、小学校以下が二二人（三三％）、中学・高校が二一人（三二％）、準学士以上が一七人（二六％）と、学歴の低い者の割合が突出して高かったわけではないが、「何もない」と答えた対象者は、全員が中学以下の学歴の男性だった。中には、脊髄損傷を負ってから五年以上経過している者も

図１　脊髄損傷者による情報収集の手段

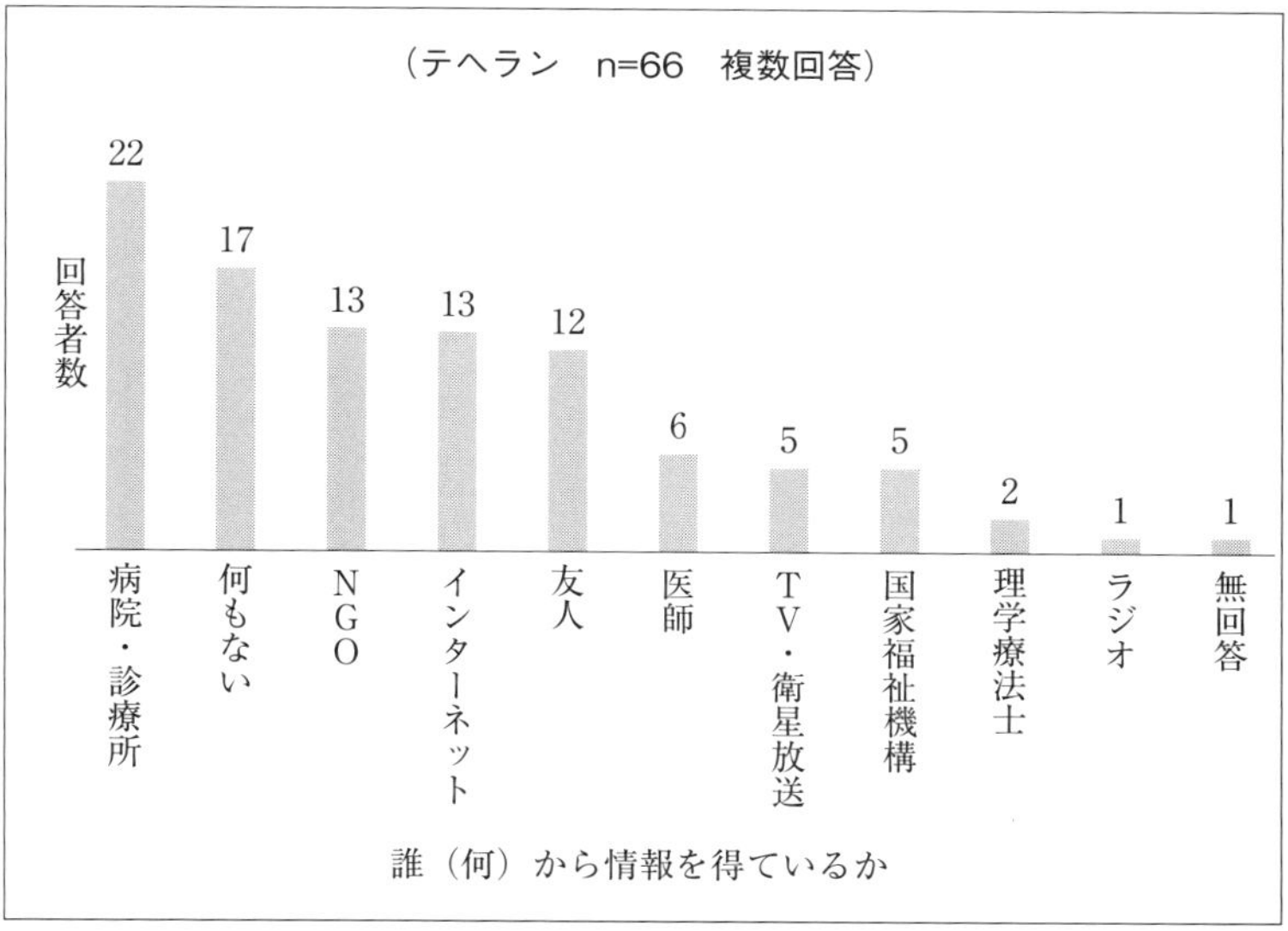

おり、教育水準が低い脊髄損傷者は、必要な情報を十分に得られない環境にあるだけでなく、情報収集の方法を習得することも難しいと推測された。一方、これと対照的だったのが、インターネットを利用していると答えた人たちで、一三人のうち、一〇人が高校以上の教育を受けていた。さらに、インターネットと回答した者のうちの一一人が複数の情報源をあげていた。このことから、脊髄損傷者の中にも情報格差が生じていると考えられた。

　では、インターネットによる情報収集を行っている人たちは、どのようにインターネット上の情報を活用しているのだろうか。近年は、脊髄損傷とはどのような状態か、どのような合併症や随伴症状が考えられるか、その予防のために何をしたらいいのか、詳しい情報を掲載しているペルシア語のサイトも多数存在している。だが、インターネット上の情報は、一般向けに書かれた情報サイトであっても、英語由来の医学用語が多用されており、それを理解し日々の生活に役立てるのは難しい。

筆者が一六人の脊髄損傷者の自宅訪問時に実施したインタビューによると、脊髄損傷者とその家族は、インターネット上の情報が運動・知覚障害をもつ身体で日常生活を送るために必要な実践的な技術や、介助の具体的な方法の習得には向かないと感じていた。こうしたサイトはむしろ、関連するＮＧＯや当事者と繋がるために活用されていた。つまり、サイトからは運営者や団体の連絡先や活動内容に関する情報を得ていたが、具体的な情報は電話やメール、携帯電話のアプリを使用した個人的やり取りや、ＮＧＯが企画するセミナーに参加する、ＮＧＯで知り合った同じ障害をもつ友人に聞くなどの直接的なコミュニケーションで収集していた。

（3）障害者同士のつながり

同じ障害をもつ友人とのつながりは、障害をもって生きる上で非常に重要な意味をもつ。上記の電話調査で一二人が選択していた「友人」とは、脊髄損傷者の友人を指している。知り合いの紹介やＮＧＯの会合などで知り合った脊髄損傷者からは、実体験にもとづいた具体的なアドバイスを受けることができる。「友人」と回答した調査対象者は異口同音に、同じ障害をもつ友人に出会ったことが、大きな転換点になったと話してくれた。

三六歳男性のＯさんは高所からの転落で頸髄に損傷を負い、胸から下の体幹と下肢、両手・両腕に運動麻痺と感覚障害が残った。受傷後、離婚も経験したＯさんは失意の中で自宅にひきこもり、無為に過ごすばかりだった。しかし、彼の母親はインターネットや口コミによる情報収集に勤しみ、テヘラン脊髄損傷協会、イラン脊髄損傷協会、ラアドが開催するセミナーや講習会に参加して介助方法を習得した。また、これらNGOで知り合った人たちから紹介を受け、介護用ベッドやリフトなど、自宅でOさんの面倒をみるために必要な福祉機器を入手することもできた。Oさんの母親はラアドの職業訓練に通うよう進めたが、意気消沈していたOさんは頑なにそれを拒んでいた。

二年が経過したころ、そこまで母親が勧めるなら一度だけ見に行ってみようとラアドを訪問し、Oさんはそのままパソコンのクラスに参加することになった。これがきっかけとなり、Oさんはウェブデザインと建築を学び、筆者が訪問したときには、ラアドの新しい建物の設計をするまでになっていた。Oさんはラアドで脊髄損傷者やその他のさまざまな身体障害をもつ友人たちと出会い、お互い励まし合いながらクラスに通ったことで、自分の人生に希望がもてるようになったと話した。これは、NGOが提供する機会で障害をもつ友人たちと親しくなり、それが生活を変えた一例だと言えるだろう。

障害者同士の交流は、Oさんの例のように個人の生活を変えるきっかけにもなるが、より広い視野でみると、将来的にイランの障害者政策を変化させていく原動力になるかもしれない。本章で紹介したNGOの中核的メンバーを含め、障害をもつ活動家たちはゆるやかに繋がっているが、これまでも、こうした結びつきが障害者のための新しい活動を生んできたからだ。

いくつかの例をあげるとすれば、次のようなことである。バーヴァルの創設時メンバーはラアドのクラスで知り合った障害者たちだった。脊髄損傷障害者・献身者協会の創設者は、タヴァーナーの活動に関わっていた。バーヴァルのリーダーの盲学校時代の友人は、テヘラン市議会議員もつとめる全盲の弁護士で、障害者の権利を求める活動の牽引者でもあり、血友病の団体や統合失調症者支援のNGOとも協働していた。こうした人的ネットワークの中で、それぞれのＮＧＯが「総合的障害者権利支援法」の改正案を提出するなど、政策へのアプローチがなされていたのである。

結語

本稿では、二〇一四年に実施したテヘランとその近郊での現地調査をもとに、特に脊髄損傷者に関わるＮＧＯに関して、その活動と役割を紹介した。イランの障害者福祉政策は周辺諸国と比較して進んでいると評価されているが、ＮＧＯの活動も同様に評価されていいだろう。障害者の権利を求める「社会運動」と呼ぶほどの大きなうねりにはなっていないが、ここで扱ったＮＧＯだけをみても様々な試みがあった。一人ひとりの脊髄損傷者に対する個別支援から、障害者の権利を求めるアドヴォカシー活動、障害者同士のネットワークづくり、さらには障害者とはどのような存在かを考え社会に提示していこうとする流れまで、それぞれの実践は将来の発展を期待させてくれる。

ここで触れることができたのは、脊髄損傷者支援に関わる一部のＮＧＯだけだった。この他にも、ダウン症候群の子どもたちとその親を支援する団体、てんかんの患者が中心となって医学研究の支援をする団体、血友病の患者の雇用を活動の一部とする会社など、特定の障害や疾患をもつ者に関わる個性的で多様な取り組みが見られた。今後は、これらの情報をもとに、イランにおける市民活動の広がりや、障害者や病者が自らの権利を主張する運動の政策への影響力について、議論を深めていきたいと考えている。

註

1　イランにおける慈善活動に関しては、細谷（二〇一一(a)）、細谷（二〇一一(b)）を参照されたい。

2　アフマディネジャード大統領期におけるＮＧＯをめぐる規制については、Bjerre CHIRISTENSEN (2011:81-117)に詳しい。

3　細谷（二〇一六）の中で、筆者が自宅を訪問した一六人のうち一五人の脊髄損傷者の生活状況を詳しく記述している。一五人の年齢は一八〜四五歳（平均年齢は三一歳）、男性が九人、女性が六人、受傷からの期間は七ヵ月〜二八年、四人が四肢に麻痺が残る頸髄損傷者だった。受傷原因は八人が交通事故、六人が高所からの転落、一人がスポーツ中の事故だった。

4　六六人の基礎的な情報は、以下の通りである。対象者の年齢は二一〜六三歳（平均年齢は三六・五歳）、男性が五二人、女性が一四人、受傷からの期間は四ヵ月から四〇年、四肢麻痺の頸髄損傷者が一五人だった。脊髄損傷の原因としては、交通事故が最も多く四〇人、次いで転落が一四人だった。

5　以下の説明は柴崎・田村（二〇〇五）を参考にした。

6　RAHIMI-MOVAGHAR et al.（二〇〇九）をもとに計算した。テヘランの脊髄損傷罹患率は人口一万人に対して四・四人、さらに年間に一〇〇万人毎四・四人増加するとされる。

7　二〇〇七〜二〇〇八年に国家福祉機構に登録されていた脊髄損傷者四九六人の情報による（RAHIMI-MOVAGHAR et al. 二〇一〇：四九三）。

8　二〇一四年までの調査で得た情報に限っているため、その後の変化は十分に反映されていない可能性がある。

9　この他に、障害児のリハビリテーションと教育を担当する教育省の関連機関として、特殊教育育成機構がある。

10　他の活動については細谷（二〇一一(b)）を参照されたい。なお本章ではペルシア語の発音により近い「キャハリーザク」と表記している。

11　細谷他（二〇一六）。本章で触れたＮさんとＯさんの事例についても扱っている。

第Ⅴ章

近代との邂逅の現場
――イラン系ムスリム知識人の旅行記から

黒田　卓

広い意味でのイラン人ムスリム知識人、あるいはペルシア語を主な書き言葉とするイラン系（Persianate）ムスリム知識人が、一八世紀後半ごろから西洋で顕著になりつつあった近代性――時代を経るにつれ、イランはじめ多数のアジア諸国にとっては「銃剣をもって啓蒙」を唱える植民地的近代性を意味するようになった――といかに遭遇し、対峙と格闘を繰り広げてきたのか。本章は、こうした問いに答える試みとして、彼らがイギリスやロシアで実地に見聞したり体験したりした事柄を綴ったペルシア語旅行記史料を素材にして、一八世紀後半から一九世紀初めにかけての初期段階で彼らが近代という時代とどう向き合ったかを、その邂逅の現場に分け入って垣間見ようとするものである。

個々の旅行記記述を扱う本論に入る前に、旅行記、とくにヨーロッパへの旅行記をいかに読み込むか、について一瞥しておこう。ガージャール朝期の訪欧旅行記を幾点か分析の対象にしているN・ソフラービーは、近著『驚異とみなされる』の第一章において、そのようなテクストの読解や解釈の方法が時代とともに歴史家や研究者の間で大きな転換を遂げてきたことに着目している。[1] 彼女の見立てによれば、第二次世界大戦後の五〇年代から活躍する第一世代のイラン人学者・歴史家たちは、立憲革命（一九〇五～一一年）をイラン近代史の分水嶺とする視点に立って、一九世紀の市民的自由や権利、国民主権と議会制など近代西欧起源の政治社会制度を求める改革や運動が革命を一つの絶頂点にしていかに発展してきたかにもっぱら焦点をあてる歴史叙述を行ってきた。その文脈で、訪欧旅行記はそうした近代的文物・制度に関する伝達者として新たに注目を浴びることになり、旅行記テクストの発掘や校訂・出版が活況を呈した。しかしこうした叙述方法には、近代化＝西欧化と捉える近代化論が濃厚に投影されており、その基準にそぐわない旅行記、あるいは公刊された旅行記でもそうしたトピックに触れていない部分は大部分等閑に付される傾向にあった。つまり、旅行者自身の関心よりも、むしろ戦後世界を風靡した近代化論のレンズから裁断した叙述が優先的な位置を占めたのである。

他方で、一九七九年のイスラーム革命やエドワード・サイードによる『オリエンタリズム』の発刊（一九七八年）後、いわば表象論的な立場をとる第二世代の歴史家や批評家が台頭してきた。西欧オリエンタリストの産出したテクストに現れる他者表象から始まった新しい読解方法は、イラン人やイラン系知識人の手になる旅行記にも援用され、いわゆる近代的なるものだけではなく、旅行者が同時代のアクターであるという観点から旅行者の視線に即した異文化の表象を読み解くべくテクストの分析に注力する趨勢が特徴的であった。ソフラービーによるとしかし、この表象論にも問題点があり、一つはヨーロッパに関する叙述を依然として主に扱うため、その他の部分が削ぎ落とされること、もう一つは、旅行者の経験的な実体験ばかり重視するあまり、その他の知識の源泉、西洋宣教師・軍人・官僚から得た情報や西洋諸語の原著・翻訳書から摂取した知見が見落とされることだという。

筆者なりにこの指摘を踏まえて、旅行記読解において枢要なポイントを二つ付言しておきたい。その一つ目は、テクストばかりに目を奪われてか、旅行が行われた歴史的背景や旅行者をとりまく環境、総じていえばコンテクストへの目配りが不十分ないし欠如している論考が散見されることである。[2] それに関連してもう一つは、旅行者は新奇なものにただただ驚嘆しているのではなく、観察者として自文化とヨーロッパで観察した異文化とを比較する視座を保持しているケースが多いことを見落とさないことであろう。

こうした留意点を念頭に置きながら、本章では、同じペルシア語で記された旅行記でありながら、時代的背景や旅行目的・旅行ルートがそれぞれに異なる三点の旅行記、すなわちミールザー・アブー・ターレブ・ハーンの『求道者の旅路』[3]、ミールザー・サーレフ・シーラーズィーの『旅行記』[4]、そしてガージャール朝王子ホスロー・ミールザーを団長とする訪露使節団の『旅行記』[5] に絞って考察を加えることにしたい（なお、各々の旅行記からの引用はそれぞれ註に記した刊本の頁数を本文中に括弧で示す）。

1　インド在住イラン系文人官僚アブー・ターレブ・ハーンの『求道者の旅路』

著者の生い立ちとその時代からまずは概観してみよう。父親のモハンマド・ベク・ハーンはイスファハーンのアゼリー系トルコ人軍人の家系出身で、アフシャール朝君主ナーデル・シャー（在位一七三六～四八年）の不興を恐れて、妻方の親族が以前より移住していたムガル帝国インドのアワド地方に身を寄せた。アワド地方は一二世紀のデリー・スルタン朝の時代よりイスラーム化が進んだが、一八世紀になるとイランのホラーサーン地方ニーシャープールからのシーア派移住者の家系が太守（ナヴァーブ）に就いて同地方の実権を握り、同じころ内憂外患に見舞われ統治能力が低落の一途を辿っていたデリーのムガル宮廷の苦境を尻目に、あるいはそれを梃子にアワドのナヴァーブ政権は実力を着実に蓄え、その主邑ラクナウはシーア派イスラームの学術文化センターの役割を担うようになっていた。

アブー・ターレブは一七五二年にこのラクナウで生まれたが、父はナヴァーブ宮廷抗争に巻き込まれベンガル地方に逃亡していたため、いわば人質のような幼少期を送ることを余儀なくされた。代替わりしたナヴァーブはアブー・ターレブ一族と縁戚関係もあったため彼に最高のムスリム教育を受けさせたが、彼が一四歳のときにベンガルの父の許へと一族は合流した。一七七五年にナヴァーブが交代しその代官がアブー・ターレブのラクナウへの帰還を許可し、以降一二年にわたって主に徴税官として出仕し、同時に徴税業務との関係もあって、影響を強めつつあったイギリス東インド会社の将校たちと交誼を結び、ときには政略にも協力

ミールザー・アブー・ターレブ・ハーン：この肖像画は彼が滞英中にイギリス人画家 J. ノースコートにより描かれ、後に銅版画に再製され、Ch. スチュアート英訳本表紙裏口絵として掲載。

を惜しまない姿勢をみせた。ところが権力を握った代官の策謀によりカルカッタ（コルカタ）へと落ちのびなければならなくなった。

カルカッタでは新任総督のチャールズ・コーンウォリス（在任一七八六〜九三年）の知遇を得て、その後押しで一七九二年ラクナウでの仕官の道に復帰するも、わずか三年で政争の挙句に失脚しカルカッタに舞い戻って失意のうちに彼自身の言葉を借りれば「絶望的になり疲労困憊」（p. 11）の状態に陥った。しかし一方で、官職から離れて時間の余裕もできたためか、カルカッタで彼は著述に打ち込み、詩集、詩人列伝、世界歴史・地理要説書、アワド年代記など一〇点ほどの作品を完成させた。その意味で、彼はムガル宮廷の公用語であったペルシア語の書記能力により官途に就きながら、イスラームの教養とペルシア詩文の素養を身に付けた文人官僚に属していた。彼ら文人官僚の多くは、ムガル帝国衰微にともない地位の不安定と失職の危機に晒され、インドの言語・文化や民政に疎い新参のイギリス東インド会社とインド民衆の介在者としてイギリス統治への協力に生き残りの道を追い求めたのである[6]。

絶望の淵に沈んでいたアブー・ターレブをヨーロッパへの旅に誘ったのも、こうしたイギリス東インド会社軍人との庇護関係が機縁であった。二〇年にわたって東インド会社に主に通訳として勤め、転地療養のため本国に帰国する直前であったスコットランド人デイヴィッド・リチャードソン大尉（一八〇八年没）は、アブー・ターレブの献呈したアワド年代記に満足し、彼の陥っていた窮状から気分を転換させるために、航海中に英語も教えるし費用も大尉が負担するという好条件でイギリスへの旅行をもちかけた。旅の道中で万一死んだとしても現在の「逆境の悲哀」から脱することができると心中考えたアブー・ターレブは、旅行の誘いに即刻同意し、一七九九年二月七日にデンマーク船でカルカッタを出航、喜望峰回りでアイルランドを経由してロンドンに一八〇〇年一月二一日に到着した。

　アブー・ターレブは二年半弱ロンドンに滞在し、東インド会社幹部の伝手《つて》を頼って国王ジョージ三世（在位一七六〇～一八二〇年）やシャーロット王女はじめイギリス上流階層と親しく交わり、社交界でその出自ゆえに「ペルシア王子」（Persian Prince）ともてはやされた。一八〇二年六月七日にロンドンを出発、帰路は陸路を使い、フランス、イタリア、地中海を経て、オスマン帝国の帝都イスタンブルに滞在、アナトリアを横断してイラクに南下、シーア派聖地に参詣を行い、バスラからペルシア湾を通って、一八〇三年八月四日にカルカッタに無事帰着した。帰国後は再び東インド会社に出仕する一方、旅行中に克明につけていた覚書を、一八〇四年までに大著『求道者の旅路』（全三巻）にまとめ、写字生を雇って何冊かの写本を作り、東インド会社関係者を含む親しい友人に贈呈したようで、現在もヨーロッパ、インドはじめ各地の図書館に数多くの写本が収蔵されている。

　以上がアブー・ターレブ・ハーンの足跡であるが、こうした訪欧旅行記を残したのは彼が最初で唯一だったわけではなく、一八世紀後半で彼のものの前に五点の旅行記（うち二点は英語）が残されている。その大半は先祖がイランに由縁をもつ家系の出身者で、一名を除いて他はムスリムの文人官僚ないしは軍属であった。[7] 統治者イギリスと植民地インド（当時は主として北インド）との非対称な力関係も反映して、イギリスからインドへの道を奔流のごとく辿った軍人・官吏・宣教師・商人・学者などに比べれば、インドからイギリスに渡った人の流れはかぼそいものに過ぎず、イギリス人が著した大量のインド関係の書物に比して、インド原住者が記したイギリスやヨーロッパ関係の旅行記・著書は前述のように微々たるものに過ぎなかった。しかもアブー・ターレブのそれを除くと、ペルシア語旅行記はすべて写本の状態であり、最も早い時期にミールザー・エエテサーモッディーンが上梓した『ヨーロッパの驚愕の書』(*Shegarf-nāme-ye Velāyat*)ですら未だに刊本が出版されていないほどである。[8]

では次に『求道者の旅路』の記述の考察に移ろう。この旅行記は三巻で構成されていて、第一巻がイギリスまでの旅程の記録とイギリス国内での旅の様子、第二巻がイギリスにおける政治社会制度やイギリス人の社会風俗・道徳的特性についての議論、第三巻がフランスから地中海、オスマン帝国領内を通ってカルカッタに帰還する帰路の叙述にあてられている。本書がペルシア語原文の刊行より数年早く英語翻訳され、またその英訳にもとづいて仏語・蘭語・独語とヨーロッパ主要言語で翻訳が相次いだため、本物の「東洋人」が眺めたヨーロッパ社会という興味からもっぱらイギリスにおける記述のみが脚光を浴びてきた。また後世の研究においても、本章劈頭に紹介した近代化論的な立場であれ表象論的なそれであれ、ほとんどがイギリスでの近代的な事象や制度、または習俗比較論ばかりがクローズアップされるきらいがあった。

たしかに、二年余りのイギリス滞在中に連日のように舞踏会・夜会・オペラ・劇場などに出かけイギリス王族・貴族などのエリートとの社交に明け暮れていたアブー・ターレブが、イギリス社会をじかに観察し、数多くの貴族・貴婦人からファーストハンドの情報や知識を入手できたのも事実であり、それらに裏打ちされた描写がハイライトをなすのも無理はない。現代のわれわれの目から見ても驚くほど精彩に、秘密結社としてのフリーメイソンの由来や加入儀礼(pp. 151-152)、コーヒーハウスとクラブ、およびクラブ会員同士の科学・技術上の自由闊達な議論(pp. 186-187)、シティにある「バンク・ハウス」の仕組み(p. 191)、「新聞」(kāghaz-e akhbār:ニュースペーパーのペルシア語直訳)の発行・販売方法とその宣伝・批判媒体としての効果(p. 195)、果ては機械制工場における分業による大量生産と製品価格の安価化(p. 210)など、彼にとっての新奇な諸事象が活写される。しかしながら、ここでは誰しもが刮目するこうした西洋近代性を支えるエレメントにはあえて触れずに、序言で述べた捨象されがちな部分をすくい上げることによって、アブー・ターレブの認識なり表象なりをより重層的に考えてみることにしたい。

ここでは一例として、政体に関わる議論のみとりあげてみることにしよう。アブー・ターレブはイングランド社会では人間精神の安寧が保証され、さらに相手が支配者や大臣であってもその失政を言論・出版・諷刺画などの手段で批判を公的に表明できるのは、その根底に自由の法の支配があるからだ、と診断する[9]（pp. 231-232）。そうした見方に立脚して、さらに彼はイングランドの政治権力を、①国王と女王、②皇太子、③主要大臣、④議会（ペルシア語で「パーラメント」と呼ばれている）の四つに区分し、議会が七年毎に各町村の多数決による代理人の選出により構成されること、議会は国事の監視者であり、大臣たちが提出する年間予算案や交戦・講和などの重要案件がここで同意される必要があること、国家の統治諸法が議会の総意の所産であり、天啓の法や命令に属しているものでないこと、を指摘している（pp. 250-251）。おそらくムスリム知識人による議会制についての最初期に属する理性的な言明であろう。このような箇所が特別に注意を惹きつけるのは当然のことであるが、実はこの議論の裏には対仏、対イスラーム圏（とくにその代表格としてのオスマン帝国）との政体比較論が伏在するのである。

対仏政体比較論はそれと明言はしていないが、第二巻末に収められた、同時代的な諸事件、つまりはフランス革命の勃発と革命戦争、ナポレオン・ボナパルトの台頭、エジプトやインドをめぐる英仏間戦争を扱う、いわば断章部分に現れる（pp. 287-298）。アブー・ターレブはヨーロッパ諸国の政体分類を試みて、ロシア、スペイン、フランス、プロイセン、イングランドの五カ国が主要強国であるが、王の政治が「臣民と貴族との合議によってなされる」イングランドを除くと、他の四ヵ国はすべて王権が何の制約も受けない絶対王政であり、こうした王政は王が賢明でないと民衆に抑圧が及ぶものであり、そのことが実際に「今から一三年前の西暦一七八九年」にフランスで起こった、と述べる。フランス民衆が王の代官たちへの不満を露わにし、イングランド流統治方式の導入を要求したが、それにもかかわらずこれらは無視され、ようやく民衆懐柔のため国王や貴族は彼らの代表を首都に招集したが、時すでに遅しで、「反乱者たち（ahl-e balvā）」は以前の要求を一段とエスカレートさせ、「リパブリック」を要求し始めた。それは国王がまったく「無用の長物」であり、民衆が任免する「パーラメント」が政務に当たれない限り、王子や貴族の「封土」や特権は停止されるだろうということを意味した。国王がこの要求を呑まず、却って反乱者の逮捕・投獄を強行し、それに対し民衆が一致して謀反の意志を示し決起に訴えた。その結果、多数の人びとが殺戮され、ついには国王と王妃の処刑へと帰結したのであった、と説明する。そしてこれがフランスの大革命（enqelāb-e ʿazīmī）の顚末であると締めくくっている。

革命を「エンゲラーブ」というペルシア語語彙で表現した最も早い時期の使用例であろう。それもさることながら、われわれがフランス革命に関しての概括的ではあるが大筋としては的を外していない上記説明を読むとき、感情や個人的コメントを入れないきわめて冷静な叙述だとの印象を強く受ける。もちろん、民衆の「反乱者」や「謀反」という言葉には、社会的エリートとしての彼の価値観を読み取ることも可能だが、権力のバランスを失した絶対王権がいともたやすく民衆蜂起により瓦解することを示唆する一文とも受け取れよう。彼のチェック・アンド・バランスの秩序観をよく示しているといえる。

それは対オスマン政体比較論にも鮮明に表れてくる。「オスマン支配者の法（qavānīn）は廃れたものにもかかわらず、イスラーム支配者の法の中で最も公正なものである」と断じたアブー・ターレブは、その背景をこう解説している。すなわち、国王も「自己の欲望や野望を実行する力がなく、将軍たちの忠告なしでは大きな仕事に取りかかることができない」し、その下の将軍たちも政府有力者やイエニチェリ重鎮と緊張関係にあり、以下大臣、軍隊、庶民、イエニチェリ階層、地方指導者も各々「自分の分相応」に留まっており、謀反、反乱、騒乱を企てることもない、とオスマン政体を論じ、上はスルタンから下は庶民にいたるまで相互の「恐怖と希望が交錯する」緊張関係の中で、分を越えない公正な秩序を維持していると見立てるのである（p. 366）。政体はイングランドの議会制に大いに効用を見出しているようだが、かならずしもそれが理想型ではなく、権力の掣肘と均衡により安定的な秩序が保てるか否か、が彼にとってはおそらく現実的な尺度だったように思える。ただし、オスマン帝国の場合は、「パーラメント」という介在者ではなく、君主を頂点とする社会階層が聖法と国法を支えとして均衡状態を保つことが何よりも公正な秩序であるとする、イスラーム統治論に特有な理念が影を落としているといえよう。しかしこれもイスラーム的な理念であって、現実はそうでなかったことも見逃していない。オスマン社会では、将軍や有力者から下層の者まで、国費を安逸や豪勢のために浪費し、加えて賄賂や袖の下が横行している。また、スルタンの軍隊、兵器工房、宿駅や役所は、官僚たちの私欲のために乱立し、可能なところではどこでも横領を繰り返している（p. 360）、と。病弊は刻々と悪化しつつある、と手厳しい警鐘を鳴らすのである。

アブー・ターレブがイギリスを去って一〇年余り後、今度はイランからやって来た若いイラン人留学生たちがどのようにイギリス社会を捉えたのか、われわれはその現場に移動しよう。

2　イラン人留学生ミールザー・サーレフ・シーラーズィーの『旅行記』

アブー・ターレブ・ハーンがイギリスに滞在していたころ、彼の父の祖国、イランの上空には暗雲が漂い始めていた。安定した国境を求めて南下政策を強力に推進するロシア、一八世紀後半以降アブー・ターレブの故国インドに地歩を着々と築きつつあったイギリス、そして大革命とそれに続くナポレオン戦争の目まぐるしい情勢変化を睨みながら敵国英露を牽制せんとする「東方政策」を画策するフランス、これら主な三国の利害と対立が錯綜する近代的な国際関係の網の目の中に、一八世紀末に久方振りに内乱を収め国土の再統一を果たしたガージャール朝のイランが否応なく投げ入れられることになったからである。[10]

一八世紀後半にグルジア（現ジョージア）を保護国にし、一八〇一年にはその正式併合を宣言したロシアは、さらに南進を続け、この地がサファヴィー朝時代には属領であったと認識するイランとの間でグルジア領有権をめぐって一八〇四年春に戦端が開かれた。この戦争（第一次ロシア戦争）は、ロシアが同時にルーマニア両公国をめぐってオスマン帝国と交戦中で、なおかつナポレオンの攻勢を前に火急の対応を迫られていたために、軍力をコーカサス地方に集中できず断続的に一八一三年まで続いた（この戦争の講和条約ゴレスターン条約で、イランは自国領だと主張していた南コーカサス地方のほとんどの領土をロシア側に割譲した）。

一七九八年のナポレオンのカイロ占領によりインド洋ルートへの脅威を覚えたイギリスは、本国外務省以上に危機感を抱いたインド政庁が一八〇〇年に使節をイランに急派し、インドとの境域を脅かしていたアフガン勢力とフランスに対する防衛を主な柱とする政治条約を結ぶことでフランスに対抗した。

他方、フランスは一八〇六年にガージャール朝第二代国王、ファトフ・アリー・シャー（在位一七九七〜一八三四年）の宮廷に使節を送り、イギリスとの条約の破棄、グルジア回復への軍事援助を提案し、これは翌年五月イラン側が初の外交使節をフランスに派遣し、上記項目を盛り込んだフィンケンシュタイン条約を締結することに結実した。この同盟関係にオスマン帝国も組み入れることによって対英露包囲網構築を夢想していたにもかかわらず、ナポレオンはヨーロッパ情勢の急変により、対イラン条約締結からわずか二カ月後に、ロシアとの間にティルジット条約を結ぶことで、イランへの支援は事実上停止せざるをえないという場当たり的な外交を展開した。しかし条約にもとづき派遣されたクロード・ギャルダン准将率いる軍事使節団は同年末にテヘランに到着し、当初予定されていた軍事支援任務は遂行できなかったものの、それなりの存在感を発揮した。

とはいっても、期待していた効果がフランスとの同盟から得られないことに業を煮やしたファトフ・アリー・シャーは、一八〇九年ようやく重い腰を上げ、対仏巻き返しを図ったイギリス本国政府の任命したハーフォード・ジョーンズ（一七六四〜一八四七年）使節団を受け入れ、交渉の結果、同年三月には、イランが他国と結んだ条約は破棄、イギリスはイランに軍事援助を供与し、インドが攻撃を受けた場合はイランが軍を派兵する、という主旨の友好同盟条約の暫定条項ができあがった。そして一八〇九年五月には、友好同盟本条約締結交渉を目的に、ミールザー・アボル・ハサン・シーラーズィー（一七七六〜一八四五年）を全権大使とする使節団（総勢九名）がイラン近代外交史上初めてロンドンのジョージ三世の宮廷に派遣された。

この遣英大使を皮切りに幾度も外交使節を務めたゆえに「イールチー」（使節）と通称されたアボル・

ハサンは、陸路コーカサス、アナトリアを経てイズミルから出航し、ジブラルタル海峡を通って、同年一一月末にプリマス港に到着、翌一八一〇年七月に帰国の途につくまでの一年足らずの間に、主にロンドンに滞在した。そのエキゾチックな風貌と開放的で豪放な人柄ゆえに、国王、王妃、王子はじめ社交界・政界の貴顕名士や貴婦人を魅了し華やかな交遊関係を結び、際どい会話を含め彼ら彼女らとの交際の情景を生き生きと旅日誌に書き留めた[11]。

アボル・ハサン・イールチーの本来の使命であった本条約締結に向けた詰めの交渉自体は長引き、イギリス側がイランと交戦中のロシアとの関係を重視する政策に転換しつつあったため、かならずしも成功したとはいえなかった。にもかかわらず、アボル・ハサンのホスト役を務めたゴア・ウーズリー卿（一七七〇〜一八四四年）がイランへの全権大使に任命されるに及んで、本条約が成立する見通しが立ち、一八一二年三月に、テヘランに辿り着いたウーズリー使節団の肝煎りで友好同盟本条約が、さらに一八一四年一一月にはそれに修正を加えたいわゆる最終条約が締結された。それによれば、イラン側はイギリスと敵対的な国とは同盟を結ばず、国内を通過させることも許可しない、他方イギリス側はイランがヨーロッパ列強から攻撃を受けたときにインドから兵員を送るが、それは年額一五万ポンドの補助金をもって代えることができるなどが謳われたのであった。

こうした外交交渉はしばしばイラン西北部アゼルバイジャン州の都タブリーズを舞台に行われた。同州はコーカサス地方に隣接した対ロシア戦争の最前線であり、ヨーロッパへの窓口の役目を担っており、それゆえにファトフ・アリー・シャーの皇太子アッバース・ミールザー（一七八九〜一八三三年）がシャー（国王）の名代としてタブリーズに出先の宮廷を営み、戦線においては最高司令官を務めた。ナポレオンに崇敬の念を抱いていたと伝えられる皇太子は、戦場での手痛い敗北から彼我の軍事能力の差を痛感し、ヨーロッパ式の訓練・装備を導入した新式軍隊（nezām-e jadīd）の編制に努める一方で、西洋近代の新知識（ʻolūm-e jadīd）の移入・吸収にも熱心な改革派統治者であった。

一八一一年半ば、ハーフォード・ジョーンズ卿が全権大使の任期を終えて帰国する際に、アッバース皇太子は西洋医学の修得を希望した軍将校の息子ハージー・バーバー・アフシャールと西洋美術をマスターするつもりであった宮廷絵師長の息子の二人の若者をイングランドに留学させることを依頼した。ジョーンズは本国政府へ照会する暇もなく即座に依頼を引き受け、二人の留学生を連れて一八一一年一〇月にポーツマス港に上陸したが、彼らは事実上放置され、外務省がようやく教育計画を提示したのは二年近く経った一八一三年八月のことで、その間に一人は自力で医学の勉学を始め、もう一人は同年三月に不運にも病死し教会の墓地に埋葬された[12]。初の留学生派遣に続き、一八一五年五月、皇太子に仕えていたイギリス軍事顧問のジョセフ・ダーシー中尉（一七八〇〜一八四八年）が帰国する折に、アッバース・ミールザーは彼の宮廷に仕えていた、いずれも二〇歳代半ばの五人の若者を留学生グループの第二陣として、一年分の彼らの経費一二〇〇ポンドとともにダーシーに託した。

そのうちの一人がイギリスに居残る先輩留学生ハージー・バーバーと同じく西洋医学を、二人が砲兵術などの軍事技術を、そしてもう一人のタブリーズ兵器廠の鉄砲火打石製造の熟練工は鍛冶技術や錠前製造術を、最後の一人、ミールザー・サーレフ・シーラーズィーは他の四人とはやや異なり英語、フランス語、ラテン語などの語学および自然哲学を専門的に勉学する予定であった。ミールザー・サーレフの正確な生年や家族的な背景などは不明であるが、一八世紀末ごろにハージー・バーケル・ハーン・カーゼルーニー

ミールザー・サーレフ・シーラーズィー：このスケッチは彼がホスロー・ミールザー王子謝罪使節団に随行してサンクトペテルブルクに滞在した1829年にロシア人画家により描かれた。

を父としてシーラーズに生まれた。一八一一年七月、先述のウーズリー使節団がシーラーズに逗留したときに、才能を見込まれて現地書記として雇われたのが、故郷を離れ首都やタブリーズに赴く契機となった。彼が使節団に同行して記録した『イスファハーンからテヘランへの旅行報告』写本[13]（四〇葉）と、彼をインフォーマントとして作成された『ペルシア語会話帳』(*Soʾāl o Javāb*) 手稿は合本でオックスフォード大学ボードリアン図書館に収蔵されている。

ダーシー率いる留学生の一団は、陸路コーカサスを経てヴォルガ川沿いに北上し、一八一五年八月初めにモスクワに到着、同月末にはサンクトペテルブルクに入り、九月九日クロンシュタット港からイギリスに向け出航、途中大嵐に遭いながらも一〇月二日にはグレイヴセント港で下船し、一〇日後にはロンドンに移った。オックスフォード、ケンブリッジやデヴォンシャーへの小旅行を除けば、彼らは一八一九年七月二四日の帰国に向けた出帆まで基本的にロンドンとその近郊で居を移しつつ滞在を続けた。この四年間にわたる留学生たちが新しい知識を求めてロンドンで苦学を積んだ日々の記録が、ミールザー・サーレフ・シーラーズィーの手になる『旅行記』である。[14]

第一次留学生と同じく、ダーシー中尉が本国政府から事前了解を得ずに留学生を連れてきたため、イギリス外務省は本件が私的な問題であり、同省は留学生に対して何の義務も負わないし、資金提供もしないと、冷淡な立場をとった。[15] 加えて、アッバース皇太子から預かった当初資金以外にイランから追加の資金も来なかったので、留学生の世話役ダーシーは、留学生たちが修学できない不満から、ほとんど彼が資金を渡さない、イギリス政府から資金を詐取しようとしている、虚言を弄して彼らの勉学を妨害しようとしている、などと苦情を並べ立てられ、両者の板挟みになって窮境に追い込まれていたようである。この間、留学生たちはダーシーから距離を置くべく、彼が指定したロンドン中心部の住居からロンドン南郊に新設の東インド会社士官学校の近所に引っ越した。そこでは同学校関係者へのペルシア語教授と引き換えにいくばくかを稼げ、同時に英語学習も可能な環境があり、自活の道が開けるのではないかという目算を立てていたからである。しかし一年半近く経った一八一七年春、イギリス外務省は従来の方針を転換し、外務省やイギリス皇太子が留学生への資金を前貸しし、[16] これによって彼らの就学条件を整えるという方向に舵を切った。これにともない、軍事技術修得志望の二人は王立軍事アカデミーに受け入れられ、ハージー・バーバーともう一人は王立病院附属医学校で学ぶ機会を得、熟練工はロンドン中心部の蒸気機関も使った金属加工・製造を行う工房に見習いに行き、そしてミールザー・サーレフはフランス語の修得と読書に専念するかたわら、近所の印刷工房に印刷術の徒弟見習いに出かけるようになった。

生活に余裕もできた二年余りの勉学や読書の成果の一つとして、彼は『旅行記』の中でイングランドの歴史についていわば読書ノートを綴り、それへの感想も加えている。さらに、そうした書物による知識と実地の見聞もとりまぜつつ、イングランド議会制を詳述しているくだりがある。ここでは紙数の関係もあり、また前節でのアブー・ターレブの記述との関連性も考慮して、それらの部分についてのみ紹介しておこう。

まず読書ノートに先立って、イングランドがかくも発展してきた根本的条件に「自由と秩序」があると指摘して、ミールザー・サーレフはこう記している。

このような安全と自由の国――それは自由の国（velāyat-e āzādī）と呼ばれるが――は、自由と同時に国王から街角の物乞いにいたるまですべてが国の秩序（nezām）に結びつけられ、各人が国の習慣や秩序に少しでも反したなら罰を受ける、そうした体制を受け入れているのである（p. 205）。

これに続けて読書を通して彼が推測するのは[17]、「この国も他のアラビアの国々と一緒で、人びとは邪悪、堕落、流血好きであった」のだが、しかし「四〇〇年前から現在にいたるまで人びとはある方法に顔を向けてきた」ということである。そのある方法とは、「人びとの教育や発展」に国が意を用い、それが代々途切れることなく受け継がれてきた点である。

こうした前提的な議論に立って、彼は議会制に大きな注意を払う。彼の議論は、アブー・ターレブ・ハーンのそれ、すなわちイングランドの権力が国王・皇太子・大臣・議会の四グループに分類され、議会は二院制としては描かれていない記述に比べると、より明快で実態に即したものになっている。議会（mashvarat-khāne）は、貴族（khavānīn）院と庶民（ra'āyā）院に二区分され、これらと国王権力が分立し、あたかも「三角形の機械」のように三隅が「整然としている場合は安定し、そうでなければ混乱するのである」と述べる。また庶民院が戦費予算や決算において国王に対抗できる権限を有していること、同院ではあらゆる案件に対し賛否を明確にしたうえで議長の前で激しい討論を行うこと、さらには庶民院が議決し、貴族院がそれに同意し、その結果を国王が裁可すれば勅命を発して効力をもたせること、などが分かりやすく説明されている。そうした案件や命令は、幾重にも議論を積み重ねた所産として、当然「公益（maslahat）と国益（doulatkhāhī）を踏まえたもの」になるだろう、とミールザー・サーレフはおそらく故国の現状も想起しながら結論づけるのである（pp. 313-315）。

留学生の旅行記には、アブー・ターレブ・ハーンやアボル・ハサン・イールチーの旅行記にみられるような上流階級との華麗な社交光景は出てこず、むしろ故国の将来に役立つであろう実用的な知識や技術を旺盛に身に付けようと苦闘する姿が描かれている。もちろん、観劇などの遊興やワインが供される宴席に無関心であったわけではないが、その視線はあくまでも中流階層レベルか、あるいはそれ以下のものである。彼らは帰国に際して、新しい西洋の知識や技術を体得しただけでなく、そのツール、つまり多数の書籍や望遠鏡やら外科器具やら印刷機やらの器械・道具類を大量に持ち帰った。それに加えて愛情も、といえる明らかな証は、熟練工が親方の親戚筋に当たる庶民出身のイギリス人女性と結婚し、花嫁をタブリーズに連れ帰った史実であろう[18]。

3　ホスロー・ミールザー王子訪露使節団の『旅行記』

一八一九年暮れに留学生たちが無事タブリーズに帰り着き、持ち帰った新しい知識・技術や道具を活用して祖国の発展に寄与すべく宮廷での仕事を再開した二〇年代になると、イランの上空を漂っていた暗雲は密雲となって重く垂れこめるようになった。

留学生らが旅立つ二年近く前に結ばれたゴレスターン条約は、双方が納得いく国境線を画定したものではなく、一種の休戦協定とみなされていた。そのためイラン側はたとえば、留学中に英語やイギリス人との交際術を学んだミールザー・サーレフを、一八二二年秋に武器の買い付け、イギリスが約束していた年間補助金の滞納分督促などを交渉事項にしてイギリスに再派遣したし[19]、ロシア側も一八一七年にコーカサス戦線総司令官アレクセイ・イェルモロフ将軍を領土問題解決交渉のためテヘランに派遣したりして（ただし彼のイランに対する高慢な姿勢ゆえ交渉は決裂した）、両国は硬軟織り交ぜての駆け引きを続けていた。しかし一八二五年春にイランの主権を認めていたイェレヴァン・ハーン国領のゴクチャ（現セヴァン）湖西部をロシア軍が一方的に占領したことを機に、両国関係の緊張の度は一気に高まった。

このときのロシア軍によるムスリム女性への蛮行や、ロシア支配を逃れてイランに避難してきた旧ハーン国エリートたちが語る異教徒支配の悲惨な話などが、鬱積された屈辱感と相まってシーア派宗教指導層の主唱する対露ジハード論に拍車をかけ、開戦を渋っていたガージャール宮廷に宣戦の決断を下させた[20]。一八二六年七月、カスピ海側のターレシュ方面での戦いで戦端が開かれ、緒戦はイラン軍が優勢で一カ月足らずでロシアに奪われた旧ハーン国領の大半を奪還したが、同年秋のガンジェ近郊の戦いで敗北を喫し、これを契機に連敗を重ねるようになる。加えて、兄アレクサンドル一世の急死により登位したばかりのツァーリ、ニコライ一世（在位一八二五～一八五五年）が、独断専行と戦況判断の誤りばかりが目立ったイェルモロフを罷免し、一八二七年三月、代わりに歴戦の将、イヴァン・パスケヴィッチ将軍（一七八二～一八五六年）をコーカサス戦線総司令官に任命したことも、ロシア軍の反転攻勢に弾みをつけるものだった。

ロシアへの戦争賠償金支払い：1828 年タブリーズにてイラン側が賠償金の一部を支払っている場面。ロシア人画家 F. ベルジェ作リトグラフ。エルミタージュ美術館蔵〔Image is used from www.hermitagemusum.org, courtesy of The State Hermitage Museum, St. Petersburg, Russia〕

こうしてイェレヴァン要塞を同年九月に陥落させたロシア軍は、破竹の勢いでアラス川を渡河し、イラン領アゼルバイジャン州奥深く侵攻し翌月にはタブリーズをも占領するにいたった。第二次ロシア・イラン戦争は、長期にわたった第一次戦争と異なりわずか二年の短期決戦であったが、イラン側の敗北は決定的であり、その結末と影響は計り知れないものがあった。

戦闘終結直後から、イギリス使節の仲介で講和条件の交渉が始まり二カ月余りにわたって続いた。交渉の焦点の一つは、イラン側が支払うべき戦争賠償金の問題であり、当初ロシア側交渉団は七五〇〇万トマーンという途方もない巨額を要求していた。ところが一方、ロシアは、ルーマニア両公国からのオスマン軍撤退などを定めたアッケルマン協定（一八二六年一〇月締結）を破棄しダーダネルス海峡を封鎖して宣戦布告したオスマン帝国と同年春から交戦状態にあり、敗戦の雪辱を窺うイランがオスマン帝国との「ムスリム同盟」に加担しはしまいかと懸念を抱いて講和交渉の促進に積極的になっていた。それゆえに賠償金額は五〇〇万トマーンまで減額することで妥結したが、戦費負担に苦しむイランにとってこれが容易に支払い可能な額でないのは明白であった[21]。一八二八年二月、この賠償金支払いを条項に盛り込んだトルコマンチャーイ条約が双方により合意されたのであった。

この条約は、賠償金支払いや南コーカサスのイラン領土の最終的割譲のみならず、領事裁判権に代表される治外法権の承認や関税自主権の放棄など、その後のイランと西欧列強との間で結ばれる不平等条約の先例となったことでよく知られるが、その第一一条は署名後三カ月以内の全権代表を介した両国宮廷の批准が必要であることを定めていた。それにもとづき、ロシア側交渉団代表パスケヴィッチ伯は、イランでの外交経験もあり条約案文起草の立役者であった、アレクサンドル・グリボエードフ（一七九五～一八二九年）をこの全権代表に登用し、早速サンクトペテルブルクへと派遣した。弱冠一五歳にしてモスクワ大学哲学修士を取得した秀才、グリボエードフは、一八一二年のナポレオン戦争で軍務に一旦就くも、一八一六年には卓抜な言語能力を活かして帝都ペテルブルクで外交畑に転身、テヘランやティフリス（現トビリスィ）で外交書記官を務めるかたわら、文筆活動にも情熱を捧げ、ロシア近代演劇史上に燦然と輝く作品として名高い諷刺喜劇『知恵の悲しみ』（*Gore ot Uma*）を書き上げた。デカブリストとの関係を疑われて、その代表作は彼の生前には日の目を見なかったが、この文才に恵まれた若き外交官は宮廷の批准を受けた条約と皇帝親書および全権使節としての信任状を携えて、一八二八年六月に意気揚々と帝都を出発した[22]。

同年八月半ばにティフリスに着いた彼は、グルジア王子の娘と結婚、一〇月にはタブリーズに辿り着き、アッバース・ミールザー皇太子の大歓迎を受けて一カ月半ほど滞在後、新妻や使節団メンバーの多くをそこに残してテヘランに出立、一八二九年一月一一日に首都に到来した。彼の使節団の使命は三つあった。一つは、シャー宮廷の批准を得た条約を受領すること、二つ目は、この時点で賠償金は三五〇万トマーンが支払い済みであったが、残りの一五〇万トマーンの支払いを催促すること、三つ目は、条約第六条に謳われた「時期に関わりない戦争捕虜の解放」にしたがい、キリスト教徒「捕虜」の解放を確実にすること、であった。こうした使命を背景に、グリボエードフは征服者のごとく傲慢かつ横柄な態度を崩さず、たとえばシャーとの謁見の場でもイランの宮廷礼儀に反し土足でシャーの面前に着座し、シャーと廷臣たちの憤激を買った。とくに「捕虜」解放を口実に、彼はイスラームに改宗しムスリム家庭に居住していたグルジア人、アルメニア人の引き渡しを、随伴したコサック兵を使った家宅捜索さえ交えて断行したのである。

彼の強硬なスタンスに加えて、後宮に仕えたアルメニア人高位宦官が公金・貴金属を拐帯して使節団の許へと逃亡し保護を求めた事件、そして彼の示唆により元宰相の後宮にいた改宗グルジア人女性（イラン側はオスマン領内のクルド人と主張）二名が使節居宅へ召喚されたうえ、従者なしに一晩留め置かれ、キリスト教への改宗を強迫されたと噂された事件が、シーア派宗教勢力とテヘラン市民の使節に対する反感に油を注いだ。不穏な空気が漂っていた二月一一日、宗教指導者からムスリム女性の解放は合法であるとのお墨付きを得た群衆が、居宅警護に当たるコサック兵から発砲を受けたことをきっかけに、暴徒化して邸宅になだれ込み、グリボエードフ当人を含む使節団三七名全員（一名のみ無事）がこの暴動の最中に惨殺されるという悲劇的な事件が起こった[23]。

前代未聞のこの予期せぬ事件に、ファトフ・アリー・シャーも皇太子アッバース・ミールザーも国の行く末を案じて愕然とせざるをえなかった。ようやく講和に漕ぎつけたイランには、もはやロシアと再び戦火を交える余裕や軍力は残されていなかったからだ。したがって彼らには、この事件の釈明と謝罪を行い、それによって友好と和平の道を維持するしか選択肢はなかった。他方、ロシアもオスマン帝国との戦闘が本格化する中で、イランとの戦争は避けざるをえず、しかるべき公式謝罪と関係者の処罰のみを求めるスタンスで一貫していた。

こうした両国の思惑を踏まえて、事件の一週間後に悲報を知ったアッバース・ミールザーは、腹心の主席秘書官ミールザー・マスウード・アンサーリーを、その書記官ミールザー・モスタファー・アフシャールと若干の従者とともに、取り急ぎパスケヴィッチへの事情説明と公式謝罪使節団のペテルブルクへの派遣打診のために急派した。ミールザー・マスウード率いる先遣隊は二月二三日タブリーズを旅立ち、三月一八日にティフリスに入り、そこでパスケヴィッチに勲章を授与するために数週間前に来ていた、元イギリス派遣留学生のミールザー・サーレフ・シーラーズィーと合流し、パスケヴィッチと会談を重ねた。対オスマン戦線の指揮に忙しかった総司令官は、何よりもしかるべき地位の者が引率する公式謝罪使節団の迅速な派遣こそが緊要であり、その円滑な帝都への往復のための手筈は自ら万全を期すという助言を与えた。シャーや皇太子の謝罪書簡の作成、筆頭使節の人選、ロマノフ宮廷への献上品や贈答品の準備、使節団費用の捻出などにかなり手間取ったのみならず、露土戦争の動向を見定めたいというシャーの意向もあって、ようやく四月も終わりになって総勢一四〇名に及ぶ公式使節団がタブリーズを旅立った。

この使節団長に抜擢されたのが、アッバース・ミールザーの第七子、当時一六歳のホスロー・ミールザー王子（一八一三〜一八七五年）である。アッバース・ミールザー自身ツァーリに拝謁したいとの希望を言明していたし、皇太子の代役として彼の長子、モハンマド・ミールザー（後の第三代ガージャール朝国王モハンマド・シャー）を立てるという案も出た。しかし道中の不測の事故や、ロシアが賠償金完済まで使節団を人質に取るのではないかという危惧もあり、皇太子が寵愛し対ロシア戦争の戦場やその後の講和交渉の場に帯同し、フランス語教育も含む帝王学の基本を学んでいたホスロー・ミールザー王子に白羽の矢が立った。団員の主要メンバーには、五月半ばにティフリスで公式使節団に合流した文官トップのミールザー・マスウードと皇太子外交顧問を務めていたミールザー・サーレフをはじめ、ホスロー王子に随行したアゼルバイジャン駐屯イラン歩兵隊総司令官、つまり武官のトップ、ミールザー・モハンマド・ハーン・ザンギャネ、彼の下僚で後に改革派大宰相となるミールザー・タキー・ハーン・ファラーハーニー、そして八年間のイギリスでの医学修業を終え、宮廷医師長に昇進していたハージー・バーバー・アフシャールが入った。この使節団の全行程にわたる旅行日誌を、ミールザー・マスウードの校閲下で、書記官ミールザー・モスタファーが作成に当たった。

ホスロー・ミールザー王子：1829 年サンクトペテルブルク滞在中にロシア人画家 K. ベグロ フにより製作。ロシア国立文学博物館蔵。

対オスマン前線陣頭指揮に赴く直前のパスケヴィッチが戦線背後をイランに脅かされないためにも速やかに使節団が帝都に向かうよう説得

したにもかかわらず、シャーの謝罪親書や贈呈品の到着の時間稼ぎを望んでいた使節団は、ティフリスに二週間余り滞在、団員総数を三分の一ほどに減らして六月初めに同地を出発、峻険なコーカサス山脈を越えてヴラディカフカースから南ロシア平原を陸路モスクワ目指して進んでいった。パスケヴィッチの手配と彼の要請を受けた副宰相兼外務大臣カール・ネッセルローデ（一七八〇～一八六二年）の関係部署への通達により、ホスロー・ミールザー使節団は道中どこでも盛大な歓待を受けたが、七月二六日に到着したモスクワでは、総督のドミトリイ・ゴリツィン皇子が直々にホスト役を務め、「ロマノフ朝皇子並み」の歓迎儀礼と鄭重な接待で使節団を迎えた。[24]

八月一七日に使節一行が着いたサンクトペテルブルクでの接遇は、モスクワ以上に豪勢壮観でおそらく使節団の想像をさえ絶するものであった。連夜のように続いた夜会、舞踏会、演奏会への招待、バレエ・演劇・オペラの鑑賞、加えて帝都にある諸宮殿、王立アカデミー、造幣局、エルミタージュ美術館のような主だった施設の視察、何度かの大規模な陸軍演習や海軍ドックや参謀本部の見学、しかしなかでも白眉だったのは八月二二日に挙行された皇帝、皇妃、皇太子への謁見式典であったろう。近衛歩兵三個大隊、同騎兵四個大隊および楽隊が会場の冬宮前に整列し敬礼を送り器楽を奏でる中、二頭立ての宮廷付特別馬車数台から降り立った一行は、皇帝ニコライ一世に拝謁し、ホスロー・ミールザーがファトフ・アリー・シャーの謝罪と友好関係維持の願望の意を伝えると、皇帝はネッセルローデを介して「悲劇的事件への憤りを消し去り、トルコマンチャーイ条約で確実になった和平の維持と友好善隣関係の増進」への期待を表明した（pp. 239-241）。この式典に招かれる資格のあった者は官等で上位五等位までに限られ、大商人でさえ特別許可証を持参できなければ入場すら許されなかったという。[25]ネヴァ川沿いのタヴリーダ宮殿に起居していたホスロー・ミールザー一行の印象は一般市民にも強烈だったようで、ニコライ・ゴーゴリの初期中編小説『鼻』（一八三五年初稿）にもその回想場面が登場する。[26] およそ一カ月間王子が重篤な病気に罹ったため、使節団のペテルブルク滞在は二カ月の長きに及んだが、冬将軍の本格的な訪れを前にした一〇月二九日、一行は九万ルーブリ相当の価値があるロシア側からの返礼品を携えて帝都を後にした。その中には、一〇年前にロンドンから持ち帰った小型の活字印刷機を十全に利用できなかったミールザー・サーレフが欲しくてたまらなかった石版印刷機一式も含まれていた。[27]

使節団の旅程とその途次での見聞を記した旅行記は、先述のようにどちらかといえば旅日誌風であり、タブリーズの宮廷に提出すべき有益な情報が満載された公務報告という性格が色濃いと考えられる。しかしごく稀ではあるが、記録者のミールザー・モスタファーが使節団の認識を代弁するかのように、やや感情を交えた個人的なコメントを残している箇所が散りばめられている。ここではそうした類の記事を二点ほど引用してみよう。

その一つは、モスクワの士官学校を訪れた際のくだりである。ヨーロッパの人びとはロシアの軍将校が英仏ほどのレベルでないと信じていることに関連して、パスケヴィッチ伯が「兵士について言えば、あなた方がもっているものほど良質なものはありえない、というのもガンジェの戦いで砲口に銃兵が肉薄し抵抗を示し、連続して一日に五ファルサフ（約三一キロ）も行軍し、行軍中に肉がなければ我慢する。しかし一方、あなた方は時と場所に応じた良策にしたがって兵士たちを導き戦闘に駆り立てることのできる指揮官をもっていない」とかつて語ったように、イラン軍兵卒の勇敢さや忍耐強さにもかかわらず、近代的な組織戦を決する将校クラスの養成が決定的に遅れていることを慨嘆している。「隣国が短期間に達成した発展や秩序をわれわれは目撃している」というのに、情けないことに、「隣国に常に敗北し遠く離れた地方で恥じ入り、ヒヴァやブハラの人びとに売り飛ばされた囚人をロシアの地でその両都市の商人の奴隷として眺めている」だけなのである。「日誌記録者」に過ぎないミールザー・モスタファーが「大胆にも」こうした発言をしたのは、「無力な下僕にも」「宗教への熱情と祖国への愛（ta`ssob-e dīn va hobb-e vatan）」があるからだ、との弁明も付け加えている（pp. 197-198）。

もう一つは、サンクトペテルブルクの聾唖学校視察に出かけた際に残した一種の教育論である。学校がすべて政府の費用で賄われていることを知って、記録者は淡々とした叙述スタイルの軌道を外れ、知識の修得、すなわち教育は損得を度外視して公益のために行われるものであり、それはエリートにとっては「現世の名声と来世の報奨を保証」すると同時に「祖国への愛と敵の害悪から同胞を安寧・安全に保つ」ものであると主張する。「野獣のような種族（tā'yefe）が一二〇年余りの間に諸科学・技術を集め」、「日々発展と増大の渦中にある」のを実見するにつけ、イランにもエリート文官・武官養成のための学校を「国益のための事業」として設立するのは容易であり、「イランの学問はイランの教師から、ヨーロッパの学問はヨーロッパの教授から学ぶ」ような教育の場を創り、その運営には父兄からの費用徴収のみならず、究極的には国庫から経費が負担されるべきである、と提言している（pp. 245-247）。

敗戦からの痛切な教訓とイランの実情に適合した教育機関創設の進言であるといえる。しかしそうしたエリート養成学校の設立は決して平坦な道ではなく、使節団の随行員、ミールザー・タキー・ハーンが大宰相アミーレ・キャビールとなってダーロル・フォヌーン校を創立するのには、まだ二二年間もの歳月を要するのである。

4　その後の三人——結語にかえて

本章で取りあげた旅行記テクスト読解方法の二分類でいえば、どちらかというと近代化論的なアプローチに適う叙述を、三種のテクストに通有のライトモチーフの通時的比較という観点から主に取り扱ってきた。その結果、旅行記作者の生育環境や彼らをとりまく時代的背景、旅行の動機や移動の航跡などのコンテクストを旅行記テクストと交差させつつ、近代性の現場に立った彼らが認識した彼我の政治・社会比較論、それにもとづく改革提案の一端を示せたのではないかと思う。反面、アクターとしての旅行記作者が異国の地で彼の地の人びととの遭遇の現場で、宗教をはじめとする知識や文化の摩擦、あるいは交流・協力をいかに経験したかを考察するのに十分な余裕がなかった。今後の課題としたい。

最後にわれわれの三人の主人公たちのその後の人生を素描することでむすびとしよう。インド在住イラン家系出身ムスリム文人官僚が東インド会社に関係するイギリス軍人・官吏と親しく交わったのは、彼ら自身のサバイバルだけでなく、ムガル朝に代わる新たな「征服者」を、インド民衆と彼らとの仲介者として現地の言語や文化で教育ないしは啓蒙しようという狙いがあった。アブー・ターレブはそうした思いを共有しており、イギリス本国でも将来「支配者」になるだろうイギリス東インド会社の文官・武官や幹部の予備軍をペルシア語教育やペルシア語読本・文法書の作成などにより教育したいという宿望を抱いており、帰国間際に実際に東インド会社役員会にそうした文官養成カレッジの設立を打診していた。しかしこの願いは彼のイギリス滞在中には実現せず、浩瀚な旅行記を書き上げた直後の一八〇六年一二月に故郷ラクナウで彼は死没した。同年に東インド会社はロンドン郊外へイリーベリーにカレッジを創設し、その教授に彼を迎えたいというオファーの書簡（同年五月三一日付）を送ったが、それが彼の許に届いたのは死後のことであった。[28] 彼の宿願は叶えられずに終わったのである。

一方、ミールザー・サーレフは一八三〇年二月末にロシア謝罪使節団と一緒にタブリーズに帰り着いたが、一八三三年にアッバース・ミールザー皇太子が急死すると、パトロンを失った彼は翌年ファトフ・アリー・シャーも他界したことも相まって、おそらく身辺の激動に見舞われたと思われる。政官界での出世には恵まれなかったようだが、彼はイギリス留学やロシア訪問で持ち帰った印刷機で大量同時印刷技術の試行錯誤を重ね、ついに一八三七年一月テヘランにてイラン初のペルシア語石版印刷新聞、その名も「新聞」（*Kāghaz-e Akhbār*）という官報を創刊し、宿願を叶えることができた。これは号数も打たれておらず試験的な広報紙だったようで、約五カ月後に彼は月刊紙「事件情報」（*Akhbār-e Vaqā'ye'*）を発刊し、おそらく二～四頁立てで少なくとも一年間ほどは断続的に発行されたものと推定される。[29] それらの見本紙二部を彼が送ったロンドンの王立アジア協会の一八四一年会員名簿には、彼の名前が登載されているという。その後のミールザー・サーレフの詳しい消息は不明だが、一八四五年ごろに死去したものと思われる。[30]

最後の主人公、ホスロー・ミールザー王子の絶頂期は実はサンクトペテルブルクに滞在していたときではなかったろうか。ロシア皇帝に謝罪を受け入れてもらい、おまけに賠償金も五〇万トマーンの減額を許されるという至難のミッションに成功を収めたこと、そして何よりも皇帝の温かいもてなしやロシア政界とのパイプを過信してか、二〇歳になった彼は一八三三年の父の死後、実兄の第三子ジャハーンギール・ミールザーと共謀して、長子モハンマド・ミールザーの王位継承に挑戦するようになった。後者は二人の異母兄弟の機先を制して逮捕を命じ、両名はアルダビールの要塞に監禁状態に置かれた。そしてシャーの死をきっかけに起こった混乱を収めてモハンマド・ミールザーが王位に就くと、両名は二度と王位への野望を抱けぬよう失明の刑に処せられ、ハマダーン近郊に追放、そこで家族とともに余生を送った。一八七五年一〇月に逝去、[31] 享年六二歳であった。三人の中で一番長寿に恵まれたが、その波乱の人生はいかばかりのものであったろうか。

註

1 N. Sohrabi, *Taken for Wonders: Nineteenth-Century Travel Accounts from Iran to Europe*, New York & Oxford: Oxford UP., 2012, pp. 8-12.

2 たとえば、拙稿「一八世紀後半インド在住イラン家系出自ムスリムの訪欧旅行記」『国際文化研究科論集』No. 20（二〇一二）、一〇四頁でとりあげたN. Schürer, "Sustaining Identity in I'tesamuddin's *The Wonders of Vilayet*," *The Eighteenth Century*, Vol. 52, No 2, 2011 はその典型例であるように思う。

3 刊本としてMīrzā Abū Tāleb Khān, *Masīr-e Tālebī yā Safar-nāme-ye Mīrzā Abū Tāleb Khān (1319 H.Q.)*, ed. H. Khedīvjam, Tehrān, 1363 Kh. (1984/85) を利用し、また一八一〇年初版のCharles Stewartによる英訳本を再編集した英訳本、Mushirul Hasan, ed. with an intro., *Westward Bound: Travels of Mirza Abu Taleb*, New Delhi: Oxford UP., 2005 も随時参照する。

4 刊本としてMīrzā Sāleh Shīrāzī, *Gozāresh-e Safar-e Mīrzā Sāleh Shīrāzī*, ed. Homāyūn Shahīdī, Tehrān, 1362 Kh. (1983/84) を使用する。

5 刊本としてMīrzā Mostafā Afshār (Bahā' ol-Molk), *Safar-nāme-ye Khosrou Mīrzā be Peterzbūrgh*, ed. Mohammad Golbon, Tehrān, 1349 Kh. (1970/71) を使用し、本刊本が底本とした写本とは別系統の写本校訂テクストを英訳し、併せて使節団を応対したロシア側の関連文書も英訳し、訳文を補完している G.A. Bourmoutian, *From Tabriz to St. Petersburg: Iran's Mission of Apology to Russia in 1829*, Costa Mesa: Mazda Publishers, 2014 も参照する。

6 文人官僚がかならずしも親英的であったわけでなく、むしろイギリス人たちをインドに馴化させようとする意図をもっていたことについては、Michael H. Fisher, *Counterflows to Colonialism: Indian Travellers and Settlers in Britain 1600-1857*,

Delhi: Permanent Black, 2004, p. 104.

7　前掲拙稿、一〇一～一〇二頁。

8　ミールザー・エエテサーモッディーンがムガル皇帝シャー・アーラム二世のイギリス国王への親書を携えてスコットランド人大尉とともに渡英する経緯と、その旅行記の記述分析については、前掲拙稿、一〇二～一〇七頁に詳しい。旅行そのものは一七六六～六九年に行われ、旅行記は一七八四／八五年に執筆された。

9　とはいえ、この診断の直後に、「他方」と前置きして「小なる者が大なる者と平等であるという慣習はいくつかの場面に限られ、しかも表面的なものである」としたうえで、上流階級と下層階級との隔絶性はインドにおける階級間格差よりも劣位である、と言い足している。称賛すべき点を挙げた後に、多くの場合その欠陥を併記する手法は、エエテサーモッディーンとアブー・ターレブの旅行記に共通しており、客観記述に努めようとする著者たちの「近代的」感性を物語っている。

10　これら三国の思惑と対イラン政策に関する英語による代表的研究としては、M. Atkin, *Russia and Iran 1780-1828*, Minneapolis: Minnesota UP., 1980; E. Ingram, *Britain's Persian Connection, 1798-1828: Prelude to the Great Game in Asia*, New York: Oxford UP., 1992; I. Amini, *Napoleon and Persia: Franco-Persian Relations under the First Empire*, Richmond: Curzon Press, 1999.

11　旅日誌は『驚嘆の書』と名づけられ、上流階級との夜会、舞踏会、ディナー、観劇、オペラ鑑賞などのありさまの他、アボル・ハサンが視察した国立銀行や東インド会社などの施設やそれらの詳細な数値データも記された。刊本としてMīrzā Abol-Hasan Khān Shīrāzī, *Heyrat-nāme: Safar-nāme-ye Mīrzā Abol-Hasan Khān Īlchī be Landan*, ed. H. Morslavand, Tehrān, 1364 Kh.(1984/85)、および同書が底本とした写本とは別の写本をベースにし、データや詩文などを大幅に割愛した英抄訳本としては、M. Morris Cloake, trans. & ed., *A Persian at the Court of King George 1809-10: The Journal of Mirza Abul Hassan Khan*, London: Barrie & Jenkins, 1988 がある。また N. Sohrabi, *op. cit.* の第二章はこの旅日誌を分析対象にしている。なお、アボル・ハサンは一八二三年に第二代イラン外務大臣に就任した。

12　D. Wright, *The Persians amongst the English: Episode in Anglo-Persian History*, London: I.B. Tauris & Co. Ltd., 1985, pp. 70-74.

13　この報告書刊本は、Mīrzā Sāleh Shīrāzī, *Majmūʻe-ye Safar-nāme-hā-ye Mīrzā Sāleh Shīrāzī*, ed. Gholāmhoseyn Mīrzā Sāleh, Tehrān, 1364 Kh. (1985/86), pp. 5-36 に所収されている。写本の奥付にヒジュラ暦一二二七年 Jomadā 第一月一一日（一八一二年五月二三日）の筆記完了日付がある。また筆記された場所はタブリーズ。

14　イングランド滞在記はそのうちの一章で他の三章は旅の準備と往復の旅程に割り当てられている。これが示唆しているように、ミールザー・サーレフの旅行記は旅程中の定型的な記述が中心で、どちらかというと皇太子宮廷への提出を意識した公務記録の印象が強い。ただ、以前のイラン系ムスリム知識人による旅行記と異なり、典雅な詩文はほとんどみられず文体も簡潔で、旅が進むにつれて筆の運びもより滑らかになる。最近この旅行記が提供する断片的な情報をもとに、同時代のイギリスに残された新聞・文書など多様な一次史料を博捜して留学生たちの足跡を探求した研究が出現した。Nile Green, *The Love of Strangers: What Six Muslim Students Learned in Jane Austen's London*, Princeton & London: Princeton UP., 2016. 本書の卓見は、異文化を背負った者同士――留学生たちとイギリス人学者・科学者・聖職者・医者・職人親方――が双方向的に知識を交換し信義を温め、友誼と愛情を育んでいった場面を克明に、しかしかなり想像力も駆使して描き出したところにあろう。

15 冷淡な立場の背後には、対仏警戒意識からイラン接近を図ってきたイギリスがナポレオンの幽閉後、イランに対して関心をなくした「ご都合主義」(ebn ol-vaqt) があると、ミールザー・サーレフは喝破している (pp. 168-169)。

16 ただし、最後の留学生が無事帰国したのを見届けた一八二〇年四月末に、イギリス外務省は留学生の費用を清算し、第一次留学生分については免除するものの第二次留学生五人分につき、未払い分約六〇〇〇ポンドを、駐テヘラン公使を通してイラン政府に請求した。これをイラン政府が支払わなかったため、同省は年間補助金から控除すると通告した。Wright, *op.cit.*, pp. 80-81.

17 Green, *op. cit.*, p. 75 によれば、こうした推測の典拠となった主要な書物は、デイヴィッド・ヒュームが六巻本で出版した『イングランドの歴史』(一七五四～六一年刊) だという。およそ「四〇〇年前」にイングランドで二院制議会が成立したことも、この推定を裏づけるかもしれない。

18 Green, *op. cit.*, p. 297 に新婚カップルがセント・ジェームス教会に出した結婚証明書の写真が載せられている。

19 Wright, *op. cit.*, pp. 82-85.

20 開戦へと向かうジハードの狂熱の様相については、H. Algar, *Religion and State in Iran 1785-1906; The Role of the Ulama in the Qajar Period*, Berkley & Los Angeles: California UP., 1969, pp. 82-89.

21 イランの最高通貨単位であるトマーンは当時、ロシアの正貨ルーブリで換算すると四ルーブリに相当し、五〇〇万トマーンは二〇〇〇万ルーブリになる。一八三六年当時のイランの国家歳入は二四六万一〇〇〇トマーンと見積もられている (Ch. Issawi, ed., *The Economic History of Iran 1800-1914*, Chicago & London: Chicago UP., 1971, p. 336)。また、後に言及する文豪ニコライ・ゴーゴリが一八四〇年に書き上げた傑作『外套』の主人公がなけなしの手持ち金と四〇ルーブリほどの賞与金をはたいて買った特別仕立ての外套の値段は八〇ルーブリであった。

22 グリボエードフの英語による最新の伝記的研究としては、L. Kelly, *Diplomacy and Murder in Tehran: Alexander Griboyedov and Imperial Russia's Mission to the Shah of Persia,* London & New York: I.B. Tauris Publishers, 2002.

23 悲劇の結末に向かうプロセスをイラン側史料に主に依拠して考察したものとしては、Algar, *op. cit.*, pp. 94-99. ロシア側旅行者・訪問者のほとんどがこの事件をイランの「宗教的狂信主義」の所業と認識していることについては、E. Andreeva, *Russia and Iran in the Great Game: Travelogues and Orientalism,* New York: Routledge, pp. 147-148.

24 旅行日誌には出てこないが、ホスロー・ミールザー王子は宴席や視察の忙しいスケジュールの合間を縫って自らの意志で、息子を亡くしたグリボエードフの母親の自宅を訪問し、涙を流しながら謝罪と哀悼の意を表した。この行為は広く知れ渡り、モスクワ市民に大きな感銘を与えたという。Bournoutian, *op. cit.*, p. 104.

25 *ibid.*, pp. 120-121.

26 Firuza I. Melville, "Khosrow Mirza's Mission to St. Petersburg in 1829," in S. Cronin, ed., *Iranian –Russian Encounters: Empires and Revolutions since 1800*, London: Routledge, 2013, p. 69. 和訳ではゴーゴリ『外套・鼻』（平井肇訳）岩波文庫、改装版（二〇〇六年）、一一七頁に「ホズレフ・ミルザ卿」として王子の名が出てくる。平井訳注では「ニコライ一世と協約のためロシアに来た、有名なペルシアの政治家」とある。「協約」や「政治家」については、再考の余地があるだろう。

27 Bournoutian, *op. cit.*, p. 205.

28 Fisher, *op. cit.*, p. 114.

29 イギリス留学中のミールザー・サーレフの新聞の効用に関する記述に関しては、Mīrzā Sāleh Shīrāzī, *Gozāresh-e Safar*, pp. 291-292. イラン最初の新聞発刊については、さしあたり、M.E. Rezvānī, "Mīrzā Sāleh Shīrāzī va Rūznāme-negārī," in Mīrzā Sāleh Shīrāzī, *Majmū'e-ye Safar-nāme-hā-ye Mīrzā Sāleh Shīrāzī,* pp. 20-26; N. Parvīn, *Tārīkh-e Rūznāme-negārī-ye Īraniyān va Dīgar Pārsī-nevīsān,* jeld-e 1: *Peydāyesh*, Tehrān, 1377 Kh. (1998/99), pp. 127-133.

30 Green, *op. cit.*, p. 313.

31 Bournoutian, *op. cit.* pp. 22-23.

第VI章

ネットワーキング
——領土を越えるイラン人意識

山岸　智子

本章は、イラン高原一帯を「領土」の重要な構成要素として論じてきたイラン・ナショナリズムに対して、領土を越えた空間、あるいは別次元で、イランのナショナル・アイデンティティが構築され、共有されてきた、という仮説を提示するものである。具体的には、人々が「ネットワーク」状につながりながら、近代的な国家・国民を論じ、想像し、連帯を表明してきた営為としての「ネットワーキング」について、前近代から情報コミュニケーション技術の発達した現在まで概観する。

1　ネットワークと領土

近代国民国家は、線分で囲まれ閉じた「領土」に帰属すると思う人々が、その領土をかけがえのない

「ホーム」と思い、国民／民族／ネーションとして統合される政治的・文化的装置であると考えてよいだろう。ベネディクト・アンダーソンの『想像の共同体』は、近代的なメディアによって、会ったこともない人々が、その隅々にまで行ったこともない一定の領内に住むお互いの存在を、同じ共同体の成員／同胞としてイメージすることが可能になった、とする。そしてアジア・アフリカで二〇世紀以降に独立した新興国も、この恣意的に定められた国境線で一つの単位とされた領土とそこに住む国民、というモデルで国家建設をしてきたという。そうしたアジア・アフリカの新興国には、ムスリム（イスラーム教徒）が多数派である国々も少なくない。

近代国民国家モデルにしたがって国家建設をしてきた西アジア／中東・北アフリカの国々の多くでは、紛争や内戦が繰り返され、その背景には「国内」の民族・エスニック集団や宗派による相違があると指摘される。国境辺の少数民族にとっては、その国の「中枢」よりも、国境の向こう側にアイデンティティを同じくする人々が多く住んでいることも珍しくない。そして時として、同じ国の領土に住んではいても、国民としてのアイデンティティの共有を阻み利害対立をエスカレートさせる力がそこに働き、紛争となる。

このような状況を引き起こした理由の一つは、アジア・アフリカにおいては、植民地争奪をめぐる「帝国」や「列強」の力関係や思惑が優先されて、民族の分断を考えずに国境線が引かれた事情にあり、イランもその例外ではない。しかし、それのみならず、北アフリカからアジアにかけてムスリム諸社会の連なる「イスラーム世界」では、都市や地域の中に、異なる言語や宗派の人々が混住し、それぞれのコミュニティがそれぞれのネットワークを活かしながら暮らすことが常態化していた、という歴史も考慮に入れなくてはいけない。

預言者ムハンマドの時代から勢力圏を広げてきたイスラーム世界は、拠点都市を結ぶネットワークとして発展し[1]、砂漠や草原地帯（ステップ）や海については、そこを旅するルートの安全の確保には努めても、面的に支配しようとしてきたとは考えにくい。都市（その後背地を含む）と都市の間には、特定の王権や政治体に属するとは考えられていなかった陸地と海が広がっていた。

イスラームが成立する以前のペルシア帝国の統治も、同様のネットワーキングの原理で理解することができるだろう。ペルシア帝国の王は「王の道」を建設して各地をつなぎ、各地の諸王の上に君臨する「王のなかの王」と称した。その首都とされるペルセポリス（ペルシア語ではTakht-e Jamshid）のレリーフには、各地の王がノウルーズ（イラン暦の正月）に貢物を持ってやってきた様子が描かれている。

前近代のイスラーム世界では、遠隔地をつなぐルートを確保し、複数の道の結節点となる都市を整備し、多くの人・モノ・知識・技術・情報の往来を強化することによって、豊かな交易の世界が展開していた[2]。そしてジャネット・アブー＝ルゴドが論じるように、前近代（ヨーロッパ覇権以前）の一四世紀の世界では、複数の文化・文明圏がネットワーク状に接続し、近代のように一つの覇権によって生活様式・価値観を強要されることなく、異なる文化的背景を持つ人々が生活のために共同し、そして共存していたと考えられる[3]。マグリブ（北アフリカ）生まれのイブン・バットゥータがインドや中国まで旅することができたのも、明の時代の宦官鄭和の船団がアフリカ東海岸にまで到達できたのも、こうしたネットワーキングの営みの中に位置づけることができる。

近代国民国家建設の波は、紀元前にまで遡るこうしたネットワーキングの営みを分断するがゆえに、国内的には多民族・多宗派の統合に悩み、国際政治においては資源保有やイデオロギー対立の波にもまれる、内憂外患の国々を多く作り出すこととなった。

留意すべきは、ムスリムが多数派である国々がたんに複数の民族で構成されている事実のみではない。それぞれの国で少数派となったエスニック集団は、新しく設定された領土の範囲を越えたネットワークの中で生きていたのに、国境によるネットワークの分断によって、集団の社会的・経済的存立構造に大きな打撃を受けることになった。新しくできた「国民国家」の中枢から「文化的に異なる」と定義されるようになった少数派は二重に周縁化されることになったのである。

なお、イランの領土についていうならば、一九世紀以来、北に隣接するロシア（ソ連）、大英帝国（イギリス）がその勢力圏に組み込むことを密約するところとなり、二〇世紀になってからはさらにアメリカなどの思惑に翻弄され続けた。こうした情勢の中で、アゼルバイジャン＝トルコ語（アゼリー）を母語とする民族（イラン国内ではトルキー＝トルコ人と呼ばれる）やトルクメンなどは分断を余儀なくされた。とはいえ、東に隣接するアフガニスタンとの国境、西に隣接するイラクとの国境は、ある程度は主体性をもって交渉し、定めてきた歴史がある。アラビア語を母語とする集団、クルド人、バローチーらを分断することになった国境線については列強の思惑のみで決定された、ということはできない。

2　イラン・ナショナリズムとペルシア語世界

列強による圧力、国内のエスニック集団や分離を求める地方の問題を抱えながらも、二〇世紀に入ってパフラヴィー朝はリーダーシップを発揮し、イラン・ナショナリズムに立脚した国家建設を進めた。イランにおける「イラン・ナショナリズム」浸透策は、少なからぬ問題をはらんでいるとはいえ、おおむね成功していると考えてよいだろう。イスラームを奉じるアラブ侵入以前の古代ペルシアの栄光を讃え、叙事詩「シャーナーメ（王書）」を国民文学と位置付ける「イラン主義」は、国王のみならず近代イラン知識人の広く受け入れるところとなり、「国民」としてのプライドを高めることに貢献した。第二代国王モハンマド・レザー・パフラヴィーは、一九七一年には古代ペルシアの王のイメージを自らに冠する建国二千五百年祭を大々的に行うことで、その威信を強め、統治者としての正当性を示そうとした。

　こうした「イラン主義」は、西洋のオリエンタリストたちの言説を、ある意味で利用するものでもあった。「イーラーン」[4]人は、西洋でより劣位とみなされるようになった「セム人種」ではなく「アーリア人種」であるとの主張は一九世紀ヨーロッパのオリエンタリストたちが盛んに論じたものである。また、古代の石碑に刻まれていた楔形文字の言語を「古代ペルシア語」、サーサーン朝の時代にパフラヴィー文字で記されていた言語を「中世ペルシア語」、そしてアラブによる征服後の「沈黙の二世紀」を経て現れたアラビア文字を用いたペルシア語を「近世ペルシア語」とオリエンタリストの言語学者たちが名づけて連続性をもたせたことも、イラン・ナショナリズムの形成と確立を助けたといわれている。[5]

　言語に着目するならば、現在イランの国語となっている「ペルシア語」は、インド＝ヨーロッパ語族（かつてはアーリア語族とよばれた）の一部とされるイラン系諸語の一つであり、歴史をさかのぼれば、古代ユーラシアの通商の民ソグド人たちの言語もイラン系諸語とされる。現代では、イランからイラク・トルコ・シリアにかけて住むクルド人たちのクルド語、アフガニスタンとパキスタンに住むパシュトゥーン人たちのパシュトゥーン語、北オセティア共和国と南オセティア自治州などに住むオセティア人のオセット語、コーカサスに発して世界中に広範なネットワークをもつアルメニア人のアルメニア語なども、イラン系諸語に分類される。これらの言葉は、言語学的にはイラン系諸語とされるが、口頭で互いにコミュニケーションがとれるものではない。

他方、イランの国語であるペルシア語、アフガニスタンの国語の一つであるダリー語、アフガニスタンに住む少数民族ハザーラの言語、タジキスタンのタジク語の話者は、口頭でコミュニケーションをとることが可能で、この四言語は同じ言語の方言と位置づけられる。

イラン国内に目を転じれば、「ペルシア語」話者は多数派ではあるが、無視できない数と規模の他言語を母語とするエスニック集団がいる。イラン国民の二〇～三〇％はアゼルバイジャン＝トルコ語を母語とするといわれ、さらにクルド、アラビア語を母語とする者、トルクメン、ロルなどの独自の言語をもつ複数の遊牧民集団、アッシューリー（アッシリア教会）、アルメニアといった独自の典礼言語を持つキリスト教徒など、言語体系のみならず、ときとしては生活様式や宗教・宗派の異なるエスニック集団がイラン各地に集住し、都市でも共存している。

つまるところ、広義の「ペルシア語」は、現在でも三カ国の国語となっている一方で、イラン国内の少なからぬ国民はペルシア語を母語としていない。「ペルシア語話者＝イラン人」という図式が成立しないところで、イランはペルシア語を国語とする国家建設を行ってきたのである。

パフラヴィー朝初代国王レザー・シャーは近代化政策の一環として、近代以前のイスラーム諸学の教育とは別に、国が教育指針を主導する公教育を導入し、一九二〇年代から国がペルシア語の教科書を作ってきた。これは国王のイラン主義の反映であるが、イラン国内に住む多様なエスニック集団を統合するために必要な政策であったともいえるだろう。[6] ペルシア語の国定教科書をイラン全土で教えるという政策は一九六〇年代から現代にいたるまで継続されている。ここにアンダーソンが『想像の共同体』で分析する「公定ナショナリズム」の特徴を見出すことも可能だ。

ただし、書き言葉としてのペルシア語を考えるとき、もう一つ注意を要すべき点がある。それはアラビア文字で書かれたペルシア語が一八世紀にいたるまで、ユーラシアのかなり広範な地域（イラン・中央アジア・インド）で、正史・詩・公文書・知識人の言語として使われてきた事実である。

モンゴル帝国の建国と発展を記した歴史書として一四世紀に成立したラシードゥッディーンによる『集史』がその嚆矢といえるだろうが、中央アジア（マー・ワラー・アンナフル）のチュルク＝モンゴル系の諸ハーン国では、ことに行政と文学の分野においてペルシア語で記した文献が多く遺されており、さらに南アジアや中国にまでその傾向がみられる。ムガル帝国は、中央アジア出身のバーブルが建国し、中央アジアの人口が流入したこともあって、一六世紀後半からペルシア語化が進展したとされる。[7] また、清朝のムスリム知識人は教育やイスラームの専門用語に多くのペルシア語をとりいれていたという。[8]

ここに、ペルシア語による近代的な出版メディアを享受する条件がアジアに広く整っていたことがわかる。このことから、ペルシア語を使って近代的な社会制度を論じ、あるべき国家像や社会像を想像し議論する「ペルシア語読書階級」の出現が可能となっていた、と考えることができるだろう。

3　近代前夜――「ペルシア語読書階級」ネットワークのなかで

ペルシア語で出版されたメディアを近代的なコンテクストで享受していた「ペルシア語読書階級」とよべる層の人々がどれほどの規模で、そのネットワークがどのようなものであったか、その全体を正確に捉えることは非常に困難である。しかしそれ以前から存在していた、ペルシア語文書の書式を伝える官吏たちの関係、彼らの生活を支える広域商業、イスラーム法学者の往来、ムガル帝国時代にイランから移住した人々などによるネットワークが「ペルシア語読書階級」の基盤となっていたであろうことは想像に難くない。

ここで想定される「ペルシア語読書階級」とイラン・ナショナリズムの成立と展開との関係は、ヨーロッパ（特に東欧）における「読書階級」によるナショナリズムと比べると、より複雑なものだと思われる。ペルシア語を読み書きし、ときにはリンガ・フランカ（共通語）として使った人々にとって、ペルシア語は使うことのできる複数の言語の一つであった場合が多く、ペルシア語を「国語」と位置づけない近代化が各地で展開した。その結果、ペルシア語を国語としたのは、前述のようにイラン、アフガニスタン、タジキスタンのみである。

とはいえ、一九世紀に出版されたペルシア語の新聞は、「ペルシア語読書階級」が、ガージャール朝から現在のイラン・イスラーム共和国へと続く領土に限定されないネットワークのなかで、イラン・ナショナリズムの言説を展開していたことを証する点で注目に値する。

ガージャール朝下では一八三七年に「新聞」Kāghaz-e Akhbār という官報が発刊され、一八五〇年には宰相アミーレ・キャビールの下で「出来事の記録」Vaqāyeʻ Ettefāqīyeh という新聞／官報が刊行された。この改革派の宰相は、オスマン帝国で発行されていた Takvim-i Vekay という官報に刺激を受けたのだという[9]。一八六〇年代にはガージャール朝下で四種の新聞が発行されていたが、いずれも厳しい検閲を受け、国の行事を知らせるばかりで、オスマン帝国のイスタンブルでは既に展開し始めていた近代的なジャーナリズムのメディアのようには機能していなかったといわれる。

一八六〇年代から一八七〇年代にかけて、ガージャール朝の知識人や一部の官吏の間ではより良い新聞の必要性が感じられていた。大宰相となるミールザー・ホセイン・ハーン・モシーロッドウレは、一八七六年には「祖国」Vatan/La Patrie というペルシア語とフランス語の二言語新聞の編集に関わり、「イランの近代化のために捧げる」との論説を掲げる。この新聞はすぐに廃刊になってしまうのだが、これが「祖国 Vatan」という語が最初にペルシア語の単語として使われた例だといわれる。ここに、愛国／ナショナリズムの啓蒙のためのメディアとしての新聞への期待を抱く「ペルシア語読書階級」が出現していたことがわかる。

そんな状況下で、イラン大使として一九七三年にイスタンブルに赴任したモフセン・ハーン・モイーノルモルクは時の国王ナーセロッディーン・シャーに、オスマン帝国内に住むガージャール朝臣民に影響を与えるためのメディアが必要だと進言し、外務省からの一〇〇リラをもって新しい新聞の刊行を助けた。モイーノルモルクはそれ以前にロンドンに駐在しており、ペルシア語新聞には改良の余地があると考えていた。こうして発刊された「アフタル」Akhtar 紙は、ガージャール朝の外で刊行されたため、国内と同じような検閲は受けず、半独立的な情報プラットフォームを提供することが可能で、近代的なメディアの先駆けとして位置づけられる。

「アフタル」を第一義的に支えたのは、オスマン帝国（特にイスタンブル）在住の「イラン人コロニー」であったとされる。一八八九年の時点でイスタンブルに住んでいた「イラン人」とされた人々は一万六千人と推計され、さらにアダナ、イズミル、アレッポ、エルズルム、ヴァンなどにもイラン人が計七〇〇名ほど在住していたという。その多くは商人とガージャール朝からの亡命者で、それらの都市にはイラン人用の学校、病院、墓地、印刷所などもあったという。[10]

「アフタル」の読者はオスマン帝国に限定されていなかった。「アフタル」は、密かにガージャール朝下の諸都市にも持ち込まれていた。そして、新聞はコーヒーハウス、バーザール（市場）、ズールハーネ（伝統的な身体鍛錬場）などで読み上げられて、文字の読めない人々も事実上の読者となっていた、という。ペルシア語新聞が、いわゆる読書階級のみならず、読み書きのできない庶民にも政治運動への参加を動機づけられるメディアとして存在していたことは、特筆に値するだろう。

「アフタル」は、イランがとりいれるべき近代的な思想や制度を紹介し奨励する他の新聞の手本になった、ともいわれる。それら他のペルシア語紙もすべてガージャール朝の外で刊行され、第一面のデザインはどれも「アフタル」の第一面と似通っている。

これまでの研究の多くは、ガージャール朝の外で一九世紀後半～二〇世紀初頭に発刊されたペルシア語新聞が、タバコ・ボイコット運動からイラン立憲革命にかけて、重要な役割を果たしたことを強調している。具体的には、イスタンブルにおいて週刊で刊行されていた「アフタル」、コルカタ（カルカッタ）で刊行されていた「ハブロルマティーン（固い絆）」、ロンドンでマルコム・ハーンが創刊した「カーヌーン（法）」、そしてカイロで刊行されていた「ソライヤー（すばる）」と「パルヴァレシュ（教育）」などがイランの近代化に大きな役割を果たしたとされている。このことは、ペルシア語読書階級のネットワークが、オスマン帝国の領土であった北アフリカと西アジア、ガージャール朝、ムガル帝国／インド帝国、ロンドン（大英帝国）にまでまたがって展開していたことを示していると理解してよいだろう。さらに、「ハブロルマティーン」については、中央アジアの知識人も読んでいたことが報告されている。[11]

これらの新聞はイラン近代化を動機づけた点で高い評価を受けてきたが、その出版地における国際関係も確実にその内容に投影されている。タニヤ・ローレンスによる研究は、オスマン帝国の関心事が「アフタル」に反映していた様相を分析していて興味深い。「アフタル」は六〇巻を終えた一八七六年に資金難から発刊停止を余儀なくされたが、当時のオスマン帝国カリフ、スルタン・アブデュルハミト二世から支援を得て一八七七年一月に再刊する。そこから「アフタル」の論調は、パン・イスラミズムに傾斜していったといわれる。

一八七八年の露土戦争終結後の講和のためにイスタンブルで開催された会議を報道するに際して「アフタル」は、親オスマン帝国、反ロシアの立場を明確にし、ガージャール朝の対ロシア政策とは異なる論調を明らかにしていた。エジプトのウラービー・パシャの反乱（一八七九〜八二）については、一方で英仏の影響力を排する運動として高く評価しながらも、議会制の要望（オスマン帝国の統治に反する）があったことについては巧妙に言及を避けていたという。[12] ここには、議会や憲法など近代的な制度の導入を求める「ペルシア語読書階級」を読者としつつも、自らのパトロンの面子をたてなくてはならない編集者たちのジレンマをみることができる。

「ハブロルマティーン」の記事についても、ロシア帝国と大英帝国の力関係に敏感な編集者と読者の存在を読み込むことが可能であろう。ことに注目されるのは、その一面で日露戦争について報道していた点である。日本がペルシア語読書階級の関心を呼ぶようになっていたことは、日本の勝利を知って「ミカド＝ナーメ」という韻文が作られたことからも明らかである。[13]これまでアンニャ・ピストル＝ハタムがアフタルに掲載された日本についての記事を分析しているが、[14]「ハブロルマティーン」についても同様の研究が必要であろう。当論者が瞥見した限りでは、日露戦争終結前（日本が勝利したと認められる以前から）から「ハブロルマティーン」はこの極東の戦争と国家に強い関心を示し始め、戦況について報道するのみならず、「日本の軍隊」という特集記事なども掲載している。また、大英帝国海軍の拠点都市らしく、ロシアを発したバルチック艦隊の航路や寄港地も逐次報じている。その背景には、日露戦争に兵士として中央アジアから送られたタタール人がいたこと、オスマン帝国およびガージャール朝のペルシア語読書階級にとってロシアが戦争でどのような状況にあるのかを知ることが政治的のみならず経済的にも極めて重要であったこと、インド帝国の下にあった軍港では日英同盟についてそれなりの見解がもたれていたであろうこと、などをあわせて考えることができるだろう。

ここで強調しておきたいのは、イランの国外で出版された新聞の読者のネットワークは、北アフリカからアジアにかけて広く編成されており、当時のムスリムたちの立場と列強の動向／グローバルな政治力学にも敏感であり、イランの近代化について論じるにあたってもその微妙な立ち位置が影響している、という点である。オスマン帝国およびロシア帝国・大英帝国の動向は、新聞の刊行のみならずペルシア語読書階級の生業にとっても死活問題であったと想像される。そこで、イランの外で発行された新聞は、一方では「イラン／ペルシア」に対するナショナル／愛国の想いと愛着を表現しながら、同時に新聞の発行を可能にしている諸条件・読者の望みなどのバランスをとることに腐心していたともいえるだろうし、より力強く展開し始めた帝国間の力学とナショナルな志向性について適当なところで妥協しながら展開していった、とも解することができるだろう。

4 パフラヴィー朝下でのネットワークの変容とサバイバル

二〇世紀のイランは、まずは列強によって、そして近代国民国家によって、領土を切り分けるグローバルな趨勢のなかに位置づけられる。第二次世界大戦に際しては、王国イランの領土は連合国側のロジスティクスのために極めて重要な戦略的・地政学的な位置にあった。一九四一年にはレザー・シャーは退位を余儀なくされ、弱冠二一歳の息子のモハンマド・レザーが王位につけられた。他方、限られた権限や能力の中で、パフラヴィー朝二代のシャー（国王）は領内にイラン・ナショナリズムを確立させ、支配の正当性を国民に認めさせる政策を貫徹しようとしていた。

ロシア革命後の中央アジア・コーカサスにおける複数の社会主義共和国の成立とそれをめぐる混乱、トルコ共和国の独立、第二次世界大戦後の新興国家の出現、という大きな渦の中で、一九世紀にペルシア語新聞を発行していた諸都市は、イランからすると「外国」となり、新聞を支えていたペルシア語読書階級の少なからぬ者がイラン以外の国民となっていった[15]。

他方、イラン国内でもようやく近代的なジャーナリズムやメディアが展開するようになり、インフラの整備もあって、国内のネットワークはより緊密なものとなった。電信・電話による連絡が可能となり、道路や鉄道で諸都市が結ばれたこと、兵役や教育のために若者が生まれ育った村落の外に出る機会も増え、都市と農村をむすぶ物理的・人的な条件も向上していった。そして二〇世紀半ばには、資源ナショナリズム——石油国有化運動——が、領域内の地下資源は国民のもの、と主張して、「領土」と「国民意識」の関連をさらに強化させている。一九七〇年代に石油収入が飛躍的に増加し、「白色革命」の一環としてそれまでの小作農民に土地が分配されたり新しい農業技術が導入されたりするなどの改革が行われた結果、地方から都市に流入する人口が増えた。これらの社会変化の過程で、大人数の労働者・労務者を雇用してシステマティックに組織化する大企業を設立するよりも、小規模の組織が散在し、個々人のネットワークに頼って仕事も生活も営んでいくという、イランに特徴的な社会生活スタイルが確立したと考えることができるであろう。[16]

イランとイラン国外のイラン人を結ぶネットワークも、消失したわけではない。一九世紀からイラクにあるシーア派聖地（この四つの聖地はアタバートと総称され、イマーム廟とシーア派イスラーム法学の最高学府がある）への参詣は盛んになっていたが、イラクが独立すると巡礼者たちは新しい国境監視体制下で往来のチェックを受けなくてはならなくなった。時としてアタバートとの往来が非常に困難になっても、そのつながりが完全に断絶することはなかった。またアタバートのモジュタヘド（高位の法学者）のもとでは、各地から来た学生たちが寝食を共にして勉学し、一人前の法学者と認められた後も、師弟関係を保ち、兄弟弟子との連絡をとりつづけた。いわゆるシーア派のネットワークは、さまざまな制限を受けながらも存続していたのである。

欧米諸国に留学するエリート子弟の数も増えつづけた。それにつれて、欧米で高等教育を受けた後に国外（主として欧米）の諸都市をビジネスの拠点としたり、あるいはいったんイランの省庁や諸組織のメンバーとなってイラン国外に駐在したり、政治的・社会的な理由でイランを離れたりして、欧米諸都市に住むイラン人たちも増え続けた。彼らが公式にイラン人コミュニティとして大きな組織を設立することはまれであったかもしれないが、縁故関係を軸として連絡をとりあうゆるやかなネットワークを築いていたことは確かである。

これらのネットワークは、イラン・イスラーム革命（一九七八～一九七九）に際しても重要な役割を果たすことになる。イランでは国民投票によって王政転覆（革命）後の体制をイスラーム共和政に決定しているが、イスラームを新体制の根幹に据えるという考え（イデオロギー）の形成と確立に大きな役割を果たした二人の人物――アリー・シャリーアティーとルーホッラー・ホメイニー師――は両者とも、イラン内外をつなぐネットワークのなかでその政治的プレゼンスを拡大していたといっても過言ではないだろう。

シャリーアティーはパリに留学し、そこで一九六一年にイラン自由運動の設立に加わっている。イラン自由運動は、石油国有化運動で中心的な役割を果たし一九五四年のクーデタで政治の表舞台を追われた国民戦線のメンバーの中でも、よりイスラーム的な価値を認めていこうとする人々による新しい運動体で、一九七八～七九年の反国王運動で大きな役割を担うことになった。ソルボンヌ大学で社会学の博士号をとったシャリーアティーは、イランに戻ってマシュハド大学の教員となるが、その政治活動を咎められて仕事を辞する。しかしテヘランのホセイニエ・エルシャードで、近代におけるイスラームを「第三の道」とする一連の講演を行うことで、知識人や学生たちのあいだで一気に高名となった。その人気によって、国王の側が是としない社会＝政治運動が加速・拡大することを危惧した官憲に逮捕されたシャリーアティーは、釈放後にイギリスに移り一九七七年にイギリスのサザンプトンで没した。彼の遺体はイランやイラクのアタバートではなく、シリアのダマスクス（シーア派初代イマームの娘ザイナブの聖廟がある都市）に葬られた。

このように独裁的な王政のもと、国内での政治活動で捕らえられ、高等教育を受けるとの名目で欧米に逃れ、政治運動を展開するのが、体制に批判的なイランの知識人の一つのパターンとなっていたと認めることができるだろう。また、高等教育を欧米で受けることで初めて、祖国やイスラームに目覚め、社会運動や政治活動に入っていった若者もいた。イラン内外をつなぐ親戚縁者や友人・知己のネットワークの中には、このように政治色が濃厚なものも存在している。

ホメイニーもまた、イラン内外をつなぐネットワークの中にあった。一九六三年の反国王デモを教唆したとの科で国外追放となったホメイニーは、いったんトルコに出た後、イラクにあるシーア派聖地ナジャフに移る。ホメイニーがそこの神学校（ホウゼ）で講義したのが、後のイラン・イスラーム共和国の根幹となる「イスラーム法学者の統治」論である。ホメイニーの論のタイプ打ちの講義録やスピーチを録音したカセットテープは、ホメイニーの弟子たちや若い法学者たちによってイランに秘密裏に持ち込まれ、複製され手から手へと広められた。一九七八年にイラクをも追われたホメイニーは、パリ郊外に移り、そこで（さらに自由に）イラン人からのさまざまな質問に答えるようになる。ホメイニーの手紙をコピーし郵送する作業を担った人々の中には、イスラーム法学の学徒や専門家のみならず、当時フランスに留学していた、イラン自由運動の国外支部やイスラーム学生協会といった組織と連絡のある若いイラン人たちが含まれていた。

王政転覆後、暫定大統領となったのは、パリに支部のあったイラン自由運動の代表メヘディー・バーザルガーンであり、バーザルガーンがアメリカ大使館占拠事件で辞職した後にイラン・イスラーム共和国初代大統領となったのは、フランスでホメイニーに合流したアボルハサン・バニーサドルであった。なお、革命当初にホメイニーに合流していたリベラルな志向性を持つ政治家たちとそのグループのほとんどは、その後の権力闘争の中で、地位を失い、少なからぬ者がイラン国外に活動や生活の場を求めることになった。

ここで留意しなくてはいけないのは、一九七〇年代後半には技術の発展によって、より広範に人々をつなぐメディアネットワークに一般大衆が接することができた、という点である。国際電話がかけやすくなり、ファックスもできるようになった。さらに複製技術の発展により、前述のカセットテープやコピー機が多くの人々の手の届く機器となって自在に駆使されるようになった。公的な新聞・雑誌・書籍が厳しい検閲を受け、王政に批判的な言説が封殺されていた状況下で、機動的に、手軽に、大勢の人々にメッセージを伝えることができるメディアの存在は、革命を推進するうえで大きな力をもったのである。

5　イスラーム共和政成立後の新しいネットワーキング

イラン・イスラーム革命は、さまざまなイデオロギーや理想をもった人々による反国王運動が体制転覆にまで到ったものであるが、革命後の権力闘争のなかで、ホメイニーの「イマームの路線」にあわないものは、次々と政治参加の機会を失っていった。革命後の混乱に加え、イラン・イラク戦争を機に苛烈になっていった統制策は、多くのイラン人を幻滅させ、国外に出ようとするイラン人は、今日までひきもきらない。二〇一二年にイランの高官が認めた数字では、アメリカに一四〇万人、アラブ首長国連邦ＵＡＥに八〇万人以上、イギリスに四一万人、カナダに四一万人、ドイツに二一万人、フランスに一五万五千人、スウェーデンに一一万人、の在外イラン人がいるという。[17] これらの数字を単純に足し算するだけでも、四〇〇万人近くのイラン人が国外に住んでいることがわかる。

これらの在外イラン人は、さまざまなメディアを通じてイランや他国にいる親族や知人・友人と連絡をとりあっている。ことに、二〇世紀末からの情報コミュニケーション技術ＩＣＴの発達は、遠く隔たった場所に住んでいるイラン人たちの間で新しい手段によるネットワーキングの編成と、サイバースペースにおける新しい情報プラットフォームの形成を可能にした。

一九九〇年代にインターネットを使いこなすことができたのは、キーボードのラテン文字に慣れていてコンピュータやプログラミングの専門知識をもつ者がほとんどであったという。やがてペルシア語のフォントがより使いやすくなり、World Wide Web によるブラウザの利用が一般化すると、インターネットを使ったネットワーキングが容易となり、より大勢の人々がインターネット上のコンテンツを閲覧し、自らアップロードするようになった。

情報コミュニケーション技術の発達は、二〇世紀末からのグローバル化に着目する議論においては、国民国家を超越したり、その枠を揺るがしたりする要因として語られることが多い。しかしながら、ニーキー・アハヴァンの研究は、政治的立場を越えて「ペルシア」意識がオンラインで集中的に表明された例を示して興味深い。具体的には、オランダ航空ＫＬＭが地図に“Arabian Gulf”（アラビア湾）と表示したのに対して、"Persian Gulf"（ペルシア湾）と書き表すべきである、とする抗議行動の高まりである。当初は英語を使い慣れている人々が旧来の、電話・電子メール・ファックスなどによって抗議し、ＫＬＭはすぐにこれに対応した。しかし、Web 2.0といわれる双方向性の情報交換をより容易にするシステムによるアプリケーションが導入されると、コンピュータ技術にさほど習熟していない人々も、自分の主張をインターネット上で表明し意見を募ることが可能となり、"The Persian Gulf Task Force"、"The Persian Gulf Defense Fund"などのウェブサイトが次々と作られた。やがてイラン政府もこれに呼応したかのように、世界的に有名な地理・民族の写真誌である『ナショナル・ジオグラフィック』や衛星放送局アル＝ジャズィーラに対して、Persian Gulfの語を使うべきだとのキャンペーンを開始した。そしてこのキャンペーンはペルシア語でブログを書いている人々からも反響をよぶに到った。さらには、グーグルで"Arabian Gulf"と検索すると、「あなたがお探しの湾は存在しません。Persian Gulfの語で検索してください」とのメッセージの掲載されたウェブサイトにとぶ「爆弾」も作られたという。[18] この例は、ちょうどWeb 1.0から2.0に切り替わる時期に、「ペルシア」意識を刺激されるとインターネットを介して行動をとるようになったナショナルな運動の新しい展開の様態を示している点で注目に値する。またイラン国内にいる／いない、イスラーム共和政を支持する／しないにかかわらず、グローバルなメディアでナショナルな感情移入が喚起された例としても注目される。

二〇〇三〜〇八年にかけては、"Weblogistan"と揶揄されるほど、自らのブログを立ち上げる者が増えて、ブログは公的には表現できない不平不満や願望などを書き込む場、そして新たな情報拡散ルートとなっていった。また、双方向的な機能を使って、署名活動や写真・ビデオのアップロードなど、発信する内容や手法も多様化していった。

そして二〇〇九年、大統領選挙の開票に不正があったとの主張は、広範な社会運動となり、何ヵ月にもわたって断続的に万人規模のデモ行進があった。この運動は、もともと大統領候補者ミール＝ホセイン・ムーサヴィーのキャンペーン・カラーである緑の服や飾りを身に着けたり掲げたりした人々が中心であったため、「緑の運動」と呼ばれる。この運動の展開過程では、新しい情報コミュニケーション技術が効果的に使われてイラン国内の動きに関心を持つ人々の耳目を驚かしたが、その二年後の二〇一一年にいわゆる「アラブの春」でフェースブックなどの利用が運動を拡大させたことが世界中の関心をひくと、その先駆けとして位置づけられるようになるのである。

イラン政府は、大統領選挙の開票に不正はなかったとの立場をとり、抗議デモはとるにたらないものと報ずるように国内外の報道関係者に圧力をかけたが、インターネット、特にYouTubeにデモを撮影したビデオがアップロードされて、イラン内外にその様子が明らかとなった。もともと、初めて大統領候補者のテレビ討論を放映したり、候補者がウェブサイトで自らの政見を発表したりして、メディアを駆使し、選挙熱を高めてショーアップする準備は整っていたのである。

また「緑の運動」の驚くべき特徴は、イラン・イスラーム革命後、イスラーム共和政の承認や存続にかかわる事柄には関わろうとしなかった在外イラン人たちが、初めてイラン国内の運動を大規模に助け、連動した点である。抗議デモは、前もってその日時やスローガンがフェースブックなどインターネットで告知され、その情報をコピーペーストやシェアすることで拡散されていたが、その期日には、イラン国内のみならず、イラン人の多く住むヨーロッパの主要都市でも、同じスローガンでイラン系の人々がデモを行った。ことに、二〇〇九年六月二二日、デモに参加しようとしたネダー・アーガー＝ソルターンが銃弾を受けて倒れた様子を撮ったビデオクリップは、運動に大きな弾みをつけることとなった。うら若い女性が瀕死の様子となった衝撃的な映像は、YouTube に投稿されて数日のうちに一〇〇万回以上再生され、多くの人がその死を悼むことで、人々の声を圧殺しようとする体制に対する抗議の意思を示すことになった。彼女の葬儀は参列者を制限する厳戒態勢のもとで行われたが、「私たちはネダー」というスローガンを掲げる集会やデモが各地で繰り広げられた。ロンドンのイラン大使館前やパリでの抗議行動の様子は英語やフランス語の新聞でも報じられ、ネダーが運動のシンボルとなった、と分析されるまでにいたっている。

イラン人が携帯電話を持つようになったことも、新しい側面を運動に加えている。アリー・フィッシャーは、Mashable.com に掲載された Parr の報告を引用し、二〇〇九年六月一六日だけで、イラン関係のツイートは二万二五〇〇件を超えたという。それらのツイートは、"#HelpIranElection" "#FreeIran" などのハッシュタグで共有された。[19] また、イラン国内では電話回線でテキストメッセージを送るショート・メッセージ・サービスSMS（イランではペイガーマクなどとよばれる）を利用する人も増えている。電話のように盗聴される心配がないことも利点と考えられるのだろう。同様に、インターネット電話サービスのスカイプも無料で当局の検閲を受けずにメッセージをやりとりし、映像を見ながら話し合うことができるため、多くの人が使うところとなっている。

ツイッターでつぶやいている人がイラン在住者であったとしても、それを次々とリツイートした人々はかならずしもイラン在住であったとは限らない。むしろ、より安全でインフラの状態の良い欧米諸都市のイラン人が、情報拡散や情報の共有に果たした役割の方に焦点を当てるべきであろう。アムステルダムに本拠を置くラジオ・ザマーネは、ペルシア語の音声でニュースを伝えるのみならず、ウェブサイトを少しでも多くのペルシア語ブログに接続できるプラットフォームとすることを目指した。そして、二〇〇九年の「緑の運動」に際しては、運動の推移を報じるのみならず、運動の進展を助け、イランの公的なメディアでは知ることのできない情報を求めて欧米のメディアが取材する対象ともなった。[20] なお、イギリスの国営放送であるＢＢＣやドイツの国営放送である Deutsche Welle はペルシア語放送を行っており、そのペルシア語版ウェブサイトも同様の役割を果たしていた。そして、イランから送られた写真やビデオクリップは、思い入れたっぷりの音楽や編集をほどこされて、YouTube などにさらにアップロードされた。

また二〇〇六年から始まったウェブサイトのバーラータリーン（「最高」の意味）が「緑の運動」に果した役割も特筆に値する。当初、気楽なチャットを楽しむサイトであったのが、抗議デモが始まると、運動に関するさまざまな情報交換の場となっていった。ことに、「最もホットな話題」として過去一時間以内に参照件数が多いサイトにワンクリックでアクセスできる機能などにより、おびただしい情報の渦から、着目すべき／したい情報を選別しアクセスすることで、オンライン上に「状況」を創出していったことが興味深い。一九九〇年代から Gooya.com のようなペルシア語の情報を一覧できるプラットフォームは存在していたが、「バーラータリーン」はさらに双方向的な機能を利用して、人々の活動を盛り上げるものへと進化している。

ちなみに、こうした情報プラットフォームは「公共空間」をめぐる議論でもとりあげられることが多い。「公共空間」が成立するかどうかをもって「近代」（ひいては民主主義的な社会の成立）の条件を考える傾向は強いが、西洋の「パブリック」の成立とは少し異なる経緯で、情報プラットフォームにイラン人が馴染みやすい遠因を考えることもできるだろう。イランの歴史（特に近現代史）を通じて、人々はコーヒーハウスやバーザールの一角でお茶やコーヒーを飲みながら、家族の話やゴシップなども交えつつ情報交換をしてきたことが知られている。上述の一九世紀のペルシア語新聞の読み上げもそうした場との関連で理解される。「バーラータリーン」は、二〇〇九年からは緑の運動についての情報が圧倒的となったが、料理や身の周りの話題を気楽におしゃべり／チャットする場として立ち上げられた。そうしたチャットの記事を読んでいると、筆者には、イラン人が各家庭のサロンやバスの中や公園などでおしゃべりしているときの雰囲気が強く思い起こされる。

イラン国内でパソコンを持つことができる層は限られているし、携帯電話も広く普及してきたとはいえ、持つことができない者も少なくない。しかし、それをもってしてインターネット上の情報を限られたものとみてはならないだろう。インターネット上で得られた情報は、イラン人の得意な口コミや旧来のメディアと組み合わされて、共有されていったと考えられる。「緑の運動」や二〇一一年のいわゆる「アラブの春」を、「フェースブック革命」「ツイッター革命」とまでよぶことはＩＣＴの過大評価と考える向きもあり、そこには合理的な判断がみられる。しかし、新しいメディアによって高速で手軽に静止画・動画・音声を伴って情報を伝達することができるようになり、旧来の伝達手段と組み合わさって、社会運動の展開に大きな影響を与えたことには、新たな現象として相応の評価がなされるべきであろう。

結語

地理学者は、共同体と「場所」は、相互に補強し合う非常に強い関係にある、という。[21] 共同体には、歴史と現在という「時間」のみならず、「領土」という空間が実存的には不可欠というわけだ。所属感や一体感や近代国家の希求などをペルシア語で言表する人々のネットワークは、一九世紀から裾野を広げてきており、そこにはイメージの水平構造が認められる。またナショナリズムの「場所」の議論は、国境線で切り分けられた「領土」の内側を「かけがえのない場所」として領土の外側よりも優位、すなわち上、に置こうとし、「領土」の外側を劣位、すなわち下、に置こうとすると論じ、そこにはイメージの垂直構造が認められるという。「場所」としての「領土」の存立構造は、水平と垂直の組み合わさった二次元的なものと説明されている。しかし、「イラン系」の個々人や集団が住む場所と、近代になって成立した「国家」は必ずしも重ならない場合が多く、イラン・イメージの展開する水平構造の広範さに比して、国家とその領土としてのイランにこだわる垂直構造は、強度にかけるように思われる。[22]

「場所」をめぐるエドワード・レルフやイーフー・トゥアンの議論では、「情報伝達手段の発達と移動性とまねごとばかりするようになって似通ってきた景観」は「没場所」とされ、生活のリズムと指針とアイデンティティを与えてくれる場所の創造が今日的な課題だとされる。これに対してショウン・ムーアーズは、場所への愛着は日常生活のルーティーンから生じる、との前提から、新聞やラジオやテレビが「私の日々」を成立させそこに「場所」を形成すると論じる。[23] 俗悪なコマーシャリズムに取り囲まれ、どこにでもありそうな作りの部屋に住む者にとっても、テレビのスイッチを入れて定番の番組を視聴し、今日の新聞を受け取る場所は愛着の強い「ホーム」なのだ、ということである。

一九世紀から二〇世紀初頭にかけて、イランをかけがえのない場所とイメージしつつも、自ら生活する場所とイランの景観や自然がかならずしも一致しない少数派がいた。この少数派の人々の中から、数は少ないながらも近代国家イランの成立のために貢献した貴重な人々が現れた。その後も政治的圧力などによって、イランを離れてイラン系として生きる人々は絶えることはなく、そうした人々の政治活動は、情報通信技術、音声や文書を複製する技術の進歩もあいまって、イラン・イスラーム革命に大きく関与することとなった。そうしてイランに成立したイスラーム共和国体制だが、イデオロギー対立やイラン・イラク戦争などから、さらなる大きな人口の国外流出の流れを生んでいる。格安航空券や国を超えた労働力移動・ビジネスのトレンドもそこには働いており、世界中に活路を求めたイラン人たちは、発達したＩＣＴの恩恵にもあずかって、グローバルなネットワークを築くことになった。

他方、イランに限らず、近代化による都市化や自然破壊や消費を核とする生活様式は、「郷土愛」やノスタルジーを抱かせる景観と「ホーム」との乖離を大きくし、二〇世紀には自然に重ねることができた国家や民族の時空間と、日々の生活のルーティーンからイメージをはぐくまれる「ホーム」像は強い連関性を失いつつある。国民国家の「場所」と生活する「場所」をアプリオリに重なるものと考えられなくなった人々は、住んでいるのが国内か、国外かに関わらず、一九世紀にガージャール朝の外でペルシア語新聞を発行し読んでいた「ペルシア語読書階級」とあまり変わらない状況に置かれているといってもいいかもしれない。

また、情報コミュニケーション技術の発達は、日々持ち歩くタブレット型端末の背景写真や携帯電話の待ち受け画面に家族やお気に入りの画像を設定し、それらの端末機器とつながっている「場所」に強い愛着を抱き、そうした場所で共有される価値観に生活や行動の指針を見出すことも日常化させつつある。メディアによるイメージの共有で地上のどこかを「ホーム」とするのみならず、まさしくメディア上に人々の「場所」がある、という現象が起きているということができるかもしれない。

ペルシア語には「肩に家 khāneh beh dush」という定型句がある。家を肩にかついでいるかのように定まった住まいを持たない者、放浪者、という意味もあるが、興味深いことに、ボブ・ディランの歌詞 "Like a Rolling Stones" の訳語にこの語をあてている例がある。[24]「転がる石には苔は生えない」という諺には、転々としていては成功がおぼつかないという含意と、動き続けていれば古びることなくダイナミックな力を失わないという含意と、二つあって、両義的である。イラン系の人々が領土内におさまりきらず、世界中に住みネットワークを築いている事態は、本国イランの居心地の悪さや脆弱性を示しているともいえるだろうが、いつまでも場を活性化させるエネルギーを抱き続けている、ともいえる。そのネットワーキングの営為が現在のイランの社会を支えていることは確かであり、その潜在力が今後のさらなる発展につながることを期待したい。

註

1　ジルマーティンは、ラピダス（Ira M. LAPIDUS）を引用して、ムスリムの自己イメージとして「生き続け決して終わることのない行為のネットワークとしての社会」があったと述べたうえで、パキスタンにおいて、政治的諸問題をくるみ込むメタファーとして Muslim Network が使われていることを指摘する。GILMARTIN, David “A Networked Civilizaion?” in COOKE Miriam & LAWRENCE, Bruce B. eds., *Muslim Networks*, from Haj to Hip Hop, University of North Carolina Press, 2005, p.53, p.66.

2　家島彦一『イスラム世界の成立と国際商業――国際商業ネットワークの変動を中心に』岩波書店 1991.

3　アブー＝ルゴド、ジャネット（佐藤次高・斯波義信・高山博・三浦徹訳）『ヨーロッパ覇権以前 上巻』岩波書店二〇〇一、四二‐四五。

4　一般に、「イーラーン」は「高貴な」という意味だとされて民族名に結び付けられて論じられることが多いが、イタリアのイラン学の泰斗ニョリは、語の使用法を検討してゾロアスター教との関連を指摘し、政治統治体としての「イーラーン＝シャフル」の語が使われるようになったのは、紀元三世紀以降であるとした。KNOLI, Gherardo, “Iranic Identity as a Historical Problem: The Beginnings of a National Awareness under the Achaemenians,” in The East and the Meaning of History: International Conference (2327 November 1992), *Studi Orientali* 13, Roma, Bardi, 1994a, pp. 147-67.

5　VAZIRI Mustafa, *Iran as imagined nation* 1993, pp. 140–144. なお、Old Persian, Middle Persian, New Persian をそれぞれに「古代」「中世」「近世」ペルシア語を訳し分けたことについて、歴史的な中世・近世とのずれから、適切でないとの意見もある。

6　レザー・シャーが地方での学校設立に熱心であったとは評価しがたいが、ペルシア語教育をつづけた成果はベイザーイー監督による映画『バーシュー』などでわかる。イラン・イラク戦争で家を失ったイラン南部の少年バーシューが、ひょんなことから、イラン北部ギーラーン州の米作地帯の村に住む家族のもとで生活することになる。映画の前半では、イラン南部と北部の言語・文化の違いが描かれるが、映画後半ではバーシューが小学校の教科書を読み上げることをきっかけに、コミュニケーションが可能となる、というストーリーとなっている。

7　真下裕之「南アジア史におけるペルシア語文化の諸相」森本一夫編『ペルシア語が結んだ世界――もう一つのユーラシア史』北海道大学出版会二〇〇九所収。

8　仲西竜也「清代の中国ムスリムにおけるペルシア語文化受容」森本一夫編前掲書所収。

9 LAWRENCE, Tanya E. *Akhtar: A Persian Language Newspaper Published in Istanbul and the Iranian Community of the Ottoman Empire in the Late Nineteenth Century* Istanbul, Libra Kitapçılık ve Yayınçılık, 2015 pp. 42-43.

10 *ibid.*, p.28.

11 *Encyclopaedia Iranica* "Habl al-Matin"

12 LAWRENCE, *op.cit.*, pp.94-96.

13 ペルシア語による日本紹介の集成としては、Kamiyar Abedi, *Montakhabi az Zhaponiyat - e Iranian dar Asr - e Tajaddod* [Selections of Iranian's Opinions about Japan in the Modern Period] を参照。

14 PISTOR-HATAM, Anja, "Progress and civilization in Nineteenth-Century Japan: The Far Eastern State as a Model for Modernization," *Iranian Studies*, vol. 29, 1996.

15 こうした混乱状態のなかで、ギーラーンのジャンギャリー運動にみられた「インター ナショナル」な連帯や、中央アジアに展開したパン＝トルコ主義なども、ネットワーク論としては興味深い。

16 岩崎葉子『「個人主義大国」イラン――群れない社会の社交的なひとびと』平凡社新書、二〇一五。

17 http://www.el.tufs.ac.jp/prmeis/html/pc/News20120916_144139.html（最終アクセス二〇一八年八月一六日）

18 AKHAVAN, Niki, *Electronic Iran, The Cultural Politics of an Online Evolution*. New Brunswick, Rutgers University Press, 2013, pp.19-31.

19 FISCHER, Ali, "Bullets with Butterfly Wings, Tweets, Protest networks, and the Iranian Election," Yahya R. KAMALIPOUR ed. *Media, Power and Politics in the Digital Age, The 2009 Presidential Election Uprising in Iran*, Plymouth, Rowman & Littlefield Publishers, 2010 pp.108-114.

20 ラジオ・ザマーネのコブラー・ガーセミー Kobra Ghassemi 女史とのインタビューより。公式ホームページは https://www.radiozamaneh.com/

21 エドワード・レルフ著 高野岳彦・阿部隆・石山美也子訳『場所の現象学 没場所性を越えて』ちくま学芸文庫、一九九九、九二。

22 イメージの水平構造と垂直構造と共同体の関係については *Ibid.* pp.143-144.

23 MOORES, Shaun, *Media, Place & Mobility*, London, Palgrave Macmillan, 2012, pp. 30-32.

24 https://anooshiravan.wordpress.com/2011/09/10/like-a-rolling-stone/（最終アクセス二〇一八年八月一六日）

あとがき

本書は、ウィキペディアやニュース解説などに出てくるイランの基礎知識には紙幅を割かず、基礎知識を得た人が、そこからさらに一歩、あるいは半歩踏み込むための内容となっている。

しかし、基本的なこと――本書の執筆陣が前提としていることについて説明を付す必要があると、編集作業を終えようとしている今頃になって気付いた。それは、イランにおいて「イスラーム」のコンテクストがすべての事柄において先行するわけではない、との想定である。イランがイスラーム共和国であるせいで、そして日本での一般的な傾向として、イラン社会で起きていることは何もかもが「イスラーム」であるかのように思われがちである。しかし本書では、国家・集団間の力関係と思惑、社会や個人生活を向上させるための知識・情報のやりとり、願望やプライドや感情移入と連帯感、などのコンテクストの方が先行すると想定している。「イスラーム」は、それらの先行するコンテクストのなかで言及され、参照枠として使われる、ということになる。

また編者は、イラン人との三〇年に及ぶ付き合いのなかで、イランに世界征服の野望があると思ったことはない。イランでのナラティブにおいては被害者意識の方がずっと大きいし、たとえ編者が迂闊にもその野望を見逃してきたとしても、イランはそのはるか手前のところで悪戦苦闘している。資源は有限だし、さまざまな社会システムもうまく機能しないことが多く、うまくゆかないとテンションがさがり、野望どころかちょっとした努力目標の達成すら覚束ない。

マスメディアで騒がれる問題の多く（現時点のハイライトは核開発）についても、ごく一般的な意図があると考えて分析する方がわかりやすいし、対処しやすい。すなわち、国内的・国際的な富と権力の配分への不満が鬱積しており、地政学的なパワーの配置やバランスを少しでもイランにとって有利にもってゆこうとしている、ということだ。確かに、イランはイスラームをイデオロギー化した国の嚆矢とされるだろうが、日々の政策や戦略のすべてをイデオロギーの表現だと考えるのには無理がある。おまけにイデオロギー対立を前面に立てると、緊張緩和のための現実的な交渉や対話について語る余地が狭まってしまう。

テヘラン駐在経験のある外交官とのおしゃべりで、イラン人ってイタリア人に似ているよね――古代帝国の遺産を誇り、芸術とサッカーが大好きで、気宇壮大な哲学があるかとおもえば気分屋で――と見解の一致をみたことがある。さらに言えば、厳しい宗教の教えを表向き奉じながらも、異性への関心や愛情表現にエネルギーを費やすことを惜しまないところも共通しているかもしれない。こうした人間的な表情をこの本に十分に盛り込めなかったことは、今更ながら残念である。

とはいえ、本書を世に送りだすことができたのは、研究プロジェクトのとりまとめに支障をきたすことの多かった編者を見捨てずにつきあってくださった執筆者のみなさん、出版を引き受けてくださった明石書店社長の大江道雅氏、編集業務に携わってくださった本郷書房の古川文夫氏、そして編者や執筆者たちをさまざまな形で支えてくださった多くの方々のおかげである。ここにお礼を申し述べ、本書がさらなるイラン理解の展開に資することを願って結びの言葉としたい。

二〇一八年八月

編　者

心に』岩波書店 1991.
吉岡明子・山尾大（編）『「イスラーム国」の脅威とイラク』岩波書店 2014.
吉村慎太郎「第二次世界大戦とイラン政治――英ソ共同占領下の国内危機の諸相」『上智アジ ア学』上智大学アジア文化研究所、第 25 号、2007 pp. 221-249.
―――『レザー・シャー独裁と国際関係――転換期イランの政治史的研究』広島大学出版会 2007.
―――「『6 月危機』とイラン革命 30 年」『歴史学研究』No.864、2010 pp. 35-42.
―――『イラン近現代史――従属と抵抗の 100 年』有志舎 2011 .
―――「イラン『核開発』疑惑の背景と展開――冷徹な現実の諸相を見据えて」高橋伸夫（編）『アジアの「核」と私たち――フクシマを見つめながら』、慶應義塾大学東アジア研究所、2014 pp. 201-229.
李光鎬『「領土」としてのメディア――ディアスポラの母国メディア利用』慶應義塾大学三田 哲学会叢書 2016.
レルフ , エドワード（高野岳彦・阿部隆・石山美也子訳）『場所の現象学――没場所性を越えて』ちくま学芸文庫 1991.

189-213, *Farsname-ye beynol-melalī-ye zhe'opolitik*" vol.10, issue 34, Summer 2015, Anjoman-e zhe'opolitik-e īrān.

KAZEMZADEH, *Firuz, Rus va Engelis dar Irān 1864 - 1914: Pejhuheshi dar bāre-ye Emperiyālism (tarjome-ye Manouchehri Amiri)*, Ketābhā-ye Jibi, n.p., Tehran, 1354/1957.

MO'ASSESE-YE MOTĀLE'ĀT VA TAHQĪQĀT-E EJTEMĀ'Ī DĀNEŠGĀH-E TEHRĀN, *Jam'iyat va shenāsnāme-ye īlāt-e Kohgiluye,* Dāneshgāh-e Teheran, 1968/1347

Sahīfe-ye Emām Khomeini, jeld-e avval (http://farsi.rouhollah.ir/library/ sahifeh?volume =1&tid=248)

Sepāh dar Gozar-e Enqelāb: Majmu'eh-ye Ettelā'ieh, Bayānieh, Akhbār va Gheire-ye Sepāh, 11 vols., Tehran: Mo'avanat-e Ravābet-e 'Omumi va Enteshārāt-e Sepāh, 2014.

SOLTAN-ABADI, *Veblag-nevisi va ruznameh-negāri*, Tehran, Sanieh Press, 1392/2013.

TAQAVĪ-MOQADAM Mostafā, *Tārīkh-e siyāsī-ye Kohgiluye*, Tehran, Mo'assese-ye motāle'āt-e tārīkh-e mo'āser-e Īrān, 1377/1998.

[日本語]

アブー＝ルゴド、ジャネット（佐藤次高・斯波義信・高山博・三浦徹訳）『ヨーロッパ覇権以前』上・下 岩波書店 2001.

岩崎葉子『「個人主義」大国イラン――群れない社会の社交的なひとびと』平凡社新書 2015.

喜田邦彦「もう一つの冷戦の起源――米国の『対ソ戦争計画』の視点から」『戦略史研究年報』防衛研究所、第 1 号、1998 pp. 34-47.

KOMPAS 2014.「脊髄損傷のリハビリテーション」『慶応義塾大学病院医療・健康情報サイ ト』. http://kompas.hosp.keio.ac.jp/contents/000159.html

黒田卓「18 世紀後半インド在住イラン家系出自ムスリムの訪欧旅行記」『国際文化研究科論集』No. 20, 2012.

柴崎啓一・田村睦弘「脊髄とは――その解剖学、生理学、脊髄損傷の病態、臨床症状、将来展望」『脊損ヘルスケア基礎編』脊損ヘルスケア編集委員会編、NPO 法人日本せき ずい基金 13-19. 2005.

細谷幸子「イランにおけるイスラームと慈善活動――貧困者支援をおこなう福祉事業体に対 する寄付の内訳から」『社会環境論究』3: pp. 45-55. 2011（a）.

―――『イスラームと慈善活動』ナカニシヤ出版 2011（b）.

――― 他「テヘランの脊髄損傷者の生活状況――環境、家族・夫婦の関係性、社会とのつながりに注目して」原隆一・中村菜穂（編）『イラン研究万華鏡　文学・政治経済・調査現場の視点から』大東文化大学東洋研究所 2016.

森本一夫（編）『ペルシア語が結んだ世界――もう一つのユーラシア史』北海道大学出版会 2009.

家島彦一『イスラム世界の成立と国際商業――国際商業ネットワークの変動を中

sociales, 2011

——— "Between Tradition and Modernity: Došmanziyārī Khans' adaptations to social change," Annna KRASNOWLSKA, & Renata RUSEK-KOWALSKA (eds.), *Studies on the Iranian World—Medieval and Modern*, Vol 2, Krakow, Jagiellonian University Press, 2015.

——— "Des couples iraniens en migration: trajectoires d'intégration en Suède." *Revue Hommes et migrations,* No. 1312, 2016.

——— "Negotiations, Concessions, and Adaptations During Fieldwork in a Tribal Society," *Iranian Studies*, Vol. 37 No.4, 2004.

TAKEYH, Ray, *Guardians of the Revolution: Iran and the World in the Age of Ayatollahs,* Oxfrod and New York, Oxford University Press, 2009.

UNICEF "Road Traffic Injuries in Iran and their Prevention, A Worrying Picture." 2008 http://www.unicef.org/iran/media_4783.html http://www.unicef.org/iran/media_4783.html

VARASTEH, Manshour, *Understanding Iran's National Security Doctrine: The New Millennium*, Leicestershire, Matador, 2013.

VAZIRI, Mustafa, *Iran as imagined nation: The Construction of Iranian Identity*, New York, Paragon, 1993.

WERBNER Pnina, WEBB, Martin, & SPELLMAN-POOTS, K. (eds.), *The Political Aesthetics of Global Protest, The Arab Spring and Beyond*, Edinburgh University Press, 2014.

WILBER, Donald N., *Riza Shah Pahlavi: The Resurrection and Reconstruction of Iran, 1878 - 1944,* New York, Exposition Press, 1975.

WRIGHT, Denis, *The Persians amongst the English: Episode in Anglo-Persian History,* London, I.B. Tauris, 1985.

ZARE, H. et al., "Health Inequalities and Development Plans in Iran; an Analysis of the Past Three Decades (1984 – 2010)." *International Journal for Equity in Health* Vol. 37 No.42: 2014. pp1-12.

[ペルシア語]

ALAMDAR Esmaeil, RASTI Omran, AHMADĪ Abbās, "Olgu-ye fazāyi-e moshārekat dar entekhābāt-e riyāsat-e jomhurī (motāle'e-ye mōredī: dahomin va yāzdahomin entekhābāt-e riyāsat-e jomhurī ostān-e khorāsān-e junūbī",pp. 815-829 , *Pajūheshhā-ye joghrāfiyā-ye ensānī*, vol.48, issue 4, Winter 2017, University of Tehran.

BĀVAR Mahmud, *Kuhgiluye va īlāt-e ān*, Gachsārān, Sherkat-e sahāmī, 1945/1324

GHFFĀRI, Yāqob, *Tārīkh-e ejtemā'ī-ye Kohgiluye va Boirahmad*, Esfahān, Golhā, 1999/1378.

GOLI Ali, & MAGJIIEU, Hojat, "Olgu-ye fazāyi-e moshārekat dar entekhābāt-e riyāsat-e jomhurī (motāle'e-ye mōredī:dore-ye yāzdahomin riyāsat-e jomhurī",pp.

MURRAY, Donette, *U.S. Foreign Policy and Iran: American-Iranian Relations since the Islamic Revolution*, London and New York, Routledge, 2010.

NICOLSON, Harold, *Curzon: the Last Phase, 1919-1925, A Study in Post-War Diplo macy*, London, Constable, 1934.

PAHLAVI, Mohammad Reza Shah , *Mission for My Country*, London, Hutchinson, 1961.

PARSI, Trita, *Single Roll of the Dice: Obama's Diplomacy with Iran*, New Haven and London, Yale University Press, 2012.

RABKIN, Yakov M., “The Iran Deal: Irrationality in Foreign Policy Discourse”, *Jetro-IDE- Review,* Vol.4, 2017, pp.23-34.

RAHIMI-MOVAGHAR, V. et al. “Prevalence of Spinal Cord Injury in Tehran, Iran.” *The Journal of Spinal Cord Medicine*. Vol. 32(4), pp.428-431. 2009.

——— “Burden of Spinal Cord Injury in Tehran, Iran.” *Spinal Cord* Vol. 48, pp.492-497. 2010.

RAJAEE, Farhang, *Islamic Values and World View: Khomeyni on Man, the State, and International Politics.* Lanham, University Press of America,1983.

RAMAZANI, Rouhollah K., *The Foreign Policy of Iran, 1500-1941: A Developing Nation in World Affairs*, Charlottesville, University Press of Virginia, 1966.

——— *Revolutionary Iran: Challenge and Response in the Middle East,* Baltimore, Johns Hopkins University Press, 1988.

ROOSEVELT, Kermit, *Countercoup: The Struggle for the Control of Iran*, New York, McGraw-Hill Paperbacks, 1981.

SALAMATIAN, Ahmad, DANIEL, Sara, *La révolte verte*, Paris, Editions Delavilla, 2010.

SEMATI, Mehdi (ed.), *Media, Culture and Society in Iran, Living with globalization and the Islamic state*, New York, Routledge, 2008.

SHAHIDI, Hossein, *Journalism in Iran, From Mission to Profession*, New York, Routledge, 2007.

SINKAYA, Bayram, *Revolutionary Guards in Iranian Politics: Elites and Shifting Relations*, Abingdon, Oxon, Routledge, 2016.

SKRINE, Sir Clarmont, *World War in Iran*, London, Constable and Co., 1962.

SOHRABI, Naghme, *Taken for Wonders: Nineteenth-Century Travel Accounts from Iran to Europe*, New York & Oxford, Oxford University Press, 2012.

SREBERNY-MOHAMMADI, Annabelle & MOHAMMADI, Ali, *Small Media, Big Revolution: Communication and the Iranian Revolution*, Mineapolis, University of Minnesota Press, 1994.

——— & KHIABANY, Gholam, *Blogistan, The Internet and Politics in Iran*, New York, I.B.Tauris, 2010.

SUZUKI Yuko, *Evolution structuelle d’une société tribale du sud-ouest de l’Iran en conséquence de la modernisation politique*, Ecole des Hautes Etudes en Sciences

Politics in the Global South and North, New York, Oxford University Press, 2010.
HUREWITZ, J.C., *Diplomacy in the Near and Middle East,* Vol.1(1553-1914), New York, Van Nostrand Company, 1956.
INGRAM, Edward, *Britain's Persian Connection, 1798-1828: Prelude to the Great Game in Asia,* New York, Oxford University Press, 1992.
KAMALIPOUR, Yahya R. (ed), *Media, Power, and Politics in the Digital Age: the 2009 presidential election uprising in Iran*, Maryland, Rowman & Littlefield Publishers, 2010.
KARZ, Mark N., "Iran and Russia", in Thomas JUNEAU and Sam RAZAVI (eds.), *Iranian Foreign Policy since 2001,* London and New York, Routledge, 2013, pp.167-178.
KATOUZIAN, Homa, *The Political Economy of Modern Ira*n, London and New York, Macmillan and New York University Press, 1981.
KATZMAN, Kenneth, *The Warriors of Islam: Iran's Revolutionary Guard,* Boulder, Westview, 1993.
KELLY, Laurence, *Diplomacy and Murder in Tehran: Alexander Griboyedov and Imperial Russia's Mission to the Shah of Persia*, London & New York, I.B. Tauris, 2002.
KHATIB, Lina (ed.), *Image Politics in the Middle East, The Role of the Visual in Political Struggle*, New York, I.B.Tauris, 2013.
KHIABANY, Gholam, *Iranian Media, The Paradox of Modernity*, New York, Rougledge, 2010.
KHOSRAVI, Shahram, *Young and Defiant in Tehran*, Pennsylvania, University of Pennsylvania Press, 2008.
KNOLI, Gherardo, "Iranic Identity as a Historical Problem: The Beginnings of a National Awareness under the Achaemenians," in *The East and the Meaning of History: International Conference* (23-27 November 1992), *Studi Orientali* 13, Roma, Bardi, 1994.
LAWRENCE, Tanya E., *Akhtar: A Persian Language Newspaper Published in Istanbul and the Iranian Community of the Ottoman Empire in the Late Nineteenth Century.* Istanbul, Libra Kitapçılık ve Yayınçılık, 2015.
LEDEEN, Michael A. & LEWIS, William H., "Carter and Fall of the Shah: The Inside Story," *The Washington Quarterly*, Spring 1980, pp. 3-40.
MELVILLE, Firuza I., "Khosrow Mirza's Mission to St. Petersburg in 1829," in S. Cronin, (ed.), *Iranian–Russian Encounters: Empires and Revolutions since 1800,* London, Routledge, 2013.
MOORES, Shaun, *Media, Place & Mobility*, London, Palgrave Macmillan, 2012.
MOSLEM, Mehdi, *Factional Politics in Post-Khomeini Iran*, Syracuse, Syracuse University Press, 2002.

2007（邦訳ハミッド・ダバシ『イラン、背反する民の歴史』作品社、2008 年）。
——— *The Green Movement in Iran,* New Brunswick, The Transaction Publishers, 2011.
DIBA, Farhad, *Mohammad Mosaddegh: A Political Biography*, London, Croom Helm, 1986.
DIGARD, Jean-Pierre, "Une contribution équivoque du droit coutumier Baxtyâri à la théorie de la segmentarité", Jean-Pierre DIGARD (ed.), *Le cuisinier et le philosophe*, Paris, Maisonneuve et Larose, 1982. pp. 167-178
——— "Jeux de structures : segmentarité et pouvoir chez les nomades Baxtyâri d'Iran " *L'Homme*, 1987. pp. 12-53
DORRAJ, Manochehr and ENGLISH, James, "Iran-China Relations and the Emerging Political Map", in Thomas JUNEAU and Sam RAZAVI (eds.), I*ranian Foreign Policy since 2001,* London and New York, Routledge, 2013, pp.179-195.
EHTESHAMI, Anoushirvan and ZWEIRI, Mahjoob (eds.), *Iran's Foreign Policy from Khatmi to Ahmadinejad*, Berkshire, Ithaca Press, 2011.
ELWELL-SUTTON, L.P., *Persian Oil*: *A Study in Power Politics*, Westport, Greenwood Press, 1975.
FABRE, Thierry, *L'Iran, derrière le miroir,* Paris, Actes Sud, 2009.
FARIS, David M. & RAHIMI, Babak, (eds.), *Social Media in Iran, Politics and Society after 2009.* State University of New York, Albany, 2015.
FAYAZMANEH, Sasan, *The United States and Iran: Sanctions, Wars, and the Policy of Dual Containment,* London and New York, Routledge, 2008.
FISHER, Michael H., *Counterflows to Colonialism: Indian Travellers and Settlers in Britain 1600-1857,* Delhi, Permanent Black, 2004.
FOROZAN, Hesam, *The Military in Post-Revolutionary Iran: The Evolution and Roles of the Revolutionary Guards,* Abingdon, Oxon, Routledge, 2016.
GARVER, John W., *China & Iran: Ancient Partners in a Post- Imperial World,* Seattle and London, University of Washington Press, 2006.
GHANI, Cyrus, *Iran and the Rise of Reza Shah: From Qajar Collapse to Pahlavi Power*, London, I.B. Tauris, 1998.
GHEISSARI, Ali, *Contemporary Iran: Economy, Society, Politics,* New York, Oxford University Press, 2009.
GHOLI-MAJD, Mohammad, *Great Britain & Reza Shah, Plunder of Iran, 1921-1941,* Gainsville, University Press of Florida, 2001.
GREEN, Nile, *The Love of Strangers: What Six Muslim Students Learned in Jane Austen's London,* Princeton & London, Princeton University Press, 2016.
HALLIDAY, Fred, *Islam & The Myth of Confrontation: Religion and Politics in the Middle East,* London and New York, I.B. Tauris, 1996.
HERRERA, Linda & BAYAT, Assef (eds.), *Being Young and Muslim, New Cultural*

参考文献

[欧文]

ABRAHAMIAN, Ervand, *The Coup: 1953, The CIA, and the Roots of Modern U.S.-Iranian Relations*, New York and London, The New Press, 2013.

AKBARZADEH, Shahram & CONDUIT, Dara (eds.), *Iran in the World: President Rouhani's Foreign Policy*, New York, Palgrave Macmillan, 2016.

AKHAVAN, Niki, *Electronic Iran, The Cultural Politics of an Online Evolution.* New Brunswick, Rutgers University Press, 2013.

ALAVI, Nasrin, *We are Iran,* London, Portobello Books, 2005.

ALGAR, Hamid, *Religion and State in Iran 1785-1906; The Role of the Ulama in the Qajar Period*, Berkley & Los Angeles, California University Press, 1969.

AMINI, Iradj, *Napoleon and Persia: Franco-Persian Relations under the First Empire,* Richmond, Curzon Press, 1999.

ANDREEVA, Elena, *Russia and Iran in the Great Game: Travelogues and Orientalism,* New York, Routledge, 2007.

ANSARI, Ali M.,"The Myth of the White Revolution: Mohammad Reza Shah, 'Modernization' and the Consolidation of Power", *Middle Eastern Studies,* Vol.37 No.3, July 2001, London, Frank Cass, pp.1-24.

ATKIN, Muriel, *Russia and Iran 1780-1828*, Minneapolis, Minnesota University Press, 1980.

BALFOUR, J.M., *Recent Happenings in Persia*, Edinburgh and London, William Blackwood and Sons, 1922.

BEHROOZ, Maziar, "Trends in the Foreign Policy of the Islamic Republic, 1979-1988", in Nikki R. KEDDIE & Mark J. GASIOROWSKI (eds), *Neither East nor West: Iran, the Soviet Union, and the United States*, New Haven and London, Yale University Press, 1990, pp.13-35.

BILL, James A. & ROGER LOUIS W.M. (eds.), *Musaddiq, Iranian Nationalism, and Oil,* Austin, University of Texas Press, 1988.

BOURNOUTIAN, George A., *From Tabriz to St. Petersburg: Iran's Mission of Apology to Russia in 1829*, Costa Mesa, Mazda Publishers, 2014.

BUND, Gary R., *i-Muslims, Rewiring the House of Islam*, London, Hurst, 2009.

CHRISTENSEN, Bjerre J., *Drugs, Deviancy and Democracy in Iran : The Interaction of State and Civil Society*, I.B. Tauris, 2011.

CLOAKE, Margaret M., (trans. & ed.), *A Persian at the Court of King George 1809-10: The Journal of Mirza Abul Hassan Khan*, London, Barrie & Jenkins, 1988.

COOKE, Miriam & LAWRENCE, Bruce B., (eds.), *Muslim Networks, from Hajj to Hip Hop*, Chpel Hill, University of North Carolina Press, 2005.

DABASHI, Hamid, *Iran: A People Interrupted*, New York and London, The New Press,

〈や行〉

〈ら行〉

〈わ行〉

〈ま行〉

〈な行〉

〈は行〉

〈た行〉

〈さ行〉

〈か行〉

【索　引】

［執筆者紹介］（執筆順）

吉村　慎太郎（よしむら　しんたろう）

広島大学大学院総合科学研究科教授。東京大学大学院社会学研究科博士課程単位修得退学。博士（学術）。専門はイラン近現代史。主な著書に『イラン・イスラーム体制とは何か――革命・戦争・改革の歴史から』（書肆心水、2007年）、『レザー・シャー独裁と国際関係――転換期イランの政治史的研究』（広島大学出版会、2007年）、『イラン現代史――従属と抵抗の100年』（有志舎、2011年）など。

松永　泰行（まつなが　やすゆき）

東京外国語大学大学院総合国際学研究院教授。ニューヨーク大学大学院博士課程修了。政治学博士。専門は比較政治学。主な論文に「イランにおける制度的弾圧と一般国民――抑圧的体制下の争議政治としての競合的選挙」酒井啓子（編）『途上国における軍・政治権力・市民社会』（晃洋書房、2016年）所収など。

鈴木　優子（すずき　ゆうこ）

現在フリーリサーチャー（元フランス国立研究所インド・イラン世界部ポスト・ドクター研究員）。École des Hautes Études en Sciences Socials à Paris 博士課程修了。社会人類学・民族学博士。主な論文に "Des couples iraniens en migration: trajectoires d'intégration en Suède." *Revue Hommes et migrations,* No.1312, 2016. "Between Tradition and Modernity: Došmanziyārī Khans' adaptations to social change," *Studies on the Iranian World-Medieval and Modern*, vol 2, Krakow, Jagiellonian University Press, 2015.

細谷　幸子（ほそや　さちこ）

国際医療福祉大学成田看護学部准教授。東京大学大学院総合文化研究科博士課程修了。博士（学術）。看護師・保健師。主な著書・論文に『イスラームと慈善活動』（ナカニシヤ書店、2011年）、「テヘランの脊髄損傷者の生活状況――環境、家族・夫婦の関係性、社会とのつながりに注目して」原隆一・中村菜穂編『イラン研究万華鏡――文学・政治経済・調査現場の視点から』（大東文化大学東洋研究所、2016年）。

黒田　卓（くろだ　たかし）

東北大学大学院国際文化研究科教授。京都大学大学院文学研究科博士課程修了。専門は近代イラン政治・社会史。主な論文に「イランソヴィエト社会主義共和国（「ギーラーン共和国」）におけるコムニスト政変」（岡洋樹編『歴史の再定義』東北大学東北アジア研究センター、2012年）、「新聞のなかのイラン立憲革命」（『岩波講座世界歴史』第23巻、1999年）など。

山岸　智子（別掲）

[編著者紹介]

山岸　智子（やまぎし　ともこ）

明治大学政治経済学部教授。東京大学大学院総合文化研究科博士課程修了。博士（学術）。専門は文化論とイラン地域研究。主な著書・論文に、板垣雄三監修、山岸智子・飯塚正人共編共著『イスラーム世界がよくわかるQ&A100』（亜紀書房1998年）、「大悪魔のゆくえ――社会不安と敵愾心の醸成」栗田禎子・長沢栄治編『中東と日本の針路』（大月書店2016年）所収、「テロ討伐と女性像」植木俊哉・土佐弘之編『国際法・国際関係とジェンダー』（東北大学2007年）所収など。

現代イランの社会と政治

――つながる人びとと国家の挑戦

2018年11月30日　初版第1刷発行

編著者	山　岸　智　子
発行者	大　江　道　雅
発行所	株式会社 明石書店

〒101-0021　東京都千代田区外神田6-9-5
電　話 03（5818）1171
FAX 03（5818）1174
振　替　00100-7-24505
http://www.akashi.co.jp

編集／組版	本郷書房
装　丁	明石書店デザイン室
印刷／製本	モリモト印刷株式会社

（定価はカバーに表示してあります）　ISBN978-4-7503-4733-2

イランの歴史

イラン・イスラーム共和国
高校歴史教科書

八尾師誠［訳］

◎A5判／並製／484頁　◎5,000円

イランの中等教育課程の歴史教科書。現代のイランの国民国家がいかに形成されてきたのか、その歴史を古代からイラン・イスラーム革命をへて20世紀末まで、各時代の指導者の系譜、政権の交代、社会・経済・文化状況などに関連して詳述する。

【内容構成】

第一巻

第一部　歴史とその始まり
第1章 歴史とは何か、歴史家とはどのような人か

第二部　古代の世界
第2章 アーリア人到来以前のイランの地と人々／第3章 定住に向けて／第4章 アケメネス朝／第5章 アルサケス朝／第6章 サーサーン朝

第三部　イスラームの出現——歴史における新たな胎動
第7章 イスラームの黎明／第8章 メディナ時代のイスラーム／第9章 初期カリフ時代／第10章 ウマイヤ朝カリフ時代（661～750年／41～132年H.Q.）／第11章 アッバース朝カリフ時代（750～1258年／132～656年H.Q.）

第四部　イスラームの到来からサファヴィー朝までのイラン
第12章 イランへのイスラームの到来／第13章 自立へと向かうイラン／第14章 ガズナ朝からモンゴル人〈政権〉に至るイラン／第15章 モンゴル人〈政権〉からサファヴィー朝までのイラン／第16章 イラン＝イスラーム的文化・文明／第17章 イランの社会・経済状況

第二巻

第1章 サファヴィー朝期のイラン／第2章 サファヴィー朝の崩壊からザンド朝の終焉まで／第3章 ガージャール朝期イランの政治と行政／第4章 ガージャール朝期イランの対外関係（ナーセロッディーン・シャー期）／第5章 ガージャール朝期イランの社会・経済・文化／第6章 イラン立憲革命の背景／第7章 イラン立憲革命／第8章 ロシア、イギリスのイランへの介入／第9章 レジャー・シャー統治期のイラン／第10章 イランの状況／第11章 イマーム・ホメイニー師の指導によるイスラーム運動／第12章 パフラヴィー体制との引き続く闘い／第13章 イラン・イスラーム革命／第14章 イスラーム共和国期のイラン／第15章 8年間にわたる聖防衛戦争

〈価格は本体価格です〉